꼬리에 꼬리를 무는

경제 이야기

경제의 기원부터 복잡한 암호화폐까지
청소년기에 배워서 평생 쓰는 기초 경제 지식!

꼬리에 꼬리를 무는
경제 이야기

석혜원
×
연유진
지음

주니어태학

농경 사회를 살았던 옛날 사람들에게 가장 필요했던 지혜는 자연의 변화를 예측하고 적응하는 능력이었습니다. 고대 이집트인들은 남쪽 하늘에서 가장 밝은 별인 시리우스로 나일강이 언제 범람할지 예측했어요. 시리우스가 하늘에서 70일 동안 사라졌다가 새벽 동쪽 지평선에 나타나면 머지않아 나일강 수위가 높아졌거든요. 그리고 시리우스와 태양이 1년 중 단 하루만 동시에 지평선 위로 떠오른다는 것을 알게 되었지요. 이집트인들은 시리우스와 태양이 동시에 뜬 날을 기준으로 밤낮을 세어 일 년이 365일이라는 것을 알아냈습니다. 이를 통해 달력을 만들어 냈죠. 우리 조상들도 고대 이집트인처럼 태양의 움직임을 관측해 오늘날에도 쓰이는 24절기를 고안했습니다.

시간이 흘러 사람들은 자본주의가 지배하는 산업 사회를 살고 있습니다. 자연스레 살아가는 데 필요한 지혜도 달라졌어요. 이제 현대인들은 생존하기 위해 밤하늘을 살피지 않아요. 대신 경제가 주는 신호를 읽어 최적의 선택을 하려고 노력합니다. 한정된 자원으로 만족스러운 소비를 하고, 내가 처한 상황에 꼭 맞는 금융 상품을 고르며 유망한 전공과 직업을 택하고, 민주 시민으로서 우리나라를 이끌 지도자를 뽑는 일 모두 경제와 연관이 있습니다.

그렇다면 경제를 읽는 지혜는 어떻게 얻을 수 있을까요? 우선 경제의 역사를 알아야 합니다. 경제는 정치, 사회 등 다양한 분야와 복잡하게 얽혀 있어요. 따라서 경제를 읽으려면 사회 전체를 꿰뚫어 볼 줄 알아야 합니다. 이러한 통찰은 경제가 발전하는 과정과 역사의 물줄기를 바꾼 사건들을 되짚어 보며 기를 수 있습니다. 물론 주요 경제 이론을 익히는 것도 큰 힘이 됩니다. 경제 이론은 경제학자들이 인류가 오랫동안 경제 활동을 하며 얻은 깨달음을 집대성한 결과물이거든요.

이 책에서는 여러분들이 경제를 읽는 눈을 키우기 위해 꼭 필요한 지식을 이야기하듯 쉽게 설명할 거예요. 인류가 경제 활동을 시작하고 돈과 시장을 발명하고 산업 사회를 만들기까지 경제의 역사를 따라가다 보면 지금의 사회를 제대로 이해할 수 있어요. 경제의 역사를 이해하고 나면 인공지능, 로봇 등 새로운 기술이 바꿀 미래 경제에 대한 막연한 두려움도 사라질 것입니다.

또 인간의 합리성과 시장에 대한 믿음을 바탕으로 하는 고전학파부터 인간은 항상 이성적이지 않다는 전제에서 출발한 행동경제학까지, 주요한 경제 이론도 함께 살펴봅니다. 경제 이론에는 경제뿐만 아니라 인간의 본성에 관한 생각도 담겨 있어요. 이것을 살피는 것만으로도 더 나은 선택을 할 수 있는 시각을 가지게 될 것입니다.

마지막으로 한국 경제의 역사를 함께 살펴봅니다. 폐허가 된 전쟁 직후부터 GDP 4만 달러를 바라보는 선진국이 되기까지 단숨에 달려온 성장 과정을 이해하면, 현재 한국 경제의 명암이 어디에서 기원했는지 알 수 있어요. 한국 경제사는 한국의 미래를 이끌어 갈 여러분들에게 꼭 필요한 지식입니다.

딱딱한 용어와 이론을 무작정 외우며 경제를 이해하려고 한다면 정말 어렵고 따분합니다. 하지만 경제의 역사와 원리를 이야기처럼 읽으면서 기초를 다진다면 경제가 다르게 보일 거예요. 생활에서 부딪히는 현상을 차근차근 분석하다 보면 의외로 쉽고 재밌는 경제에 빠져들 것입니다. 경제 이야기, 이제 시작할까요?

석혜원, 연유진

차례

3장 | 화폐와 경제

4장 | 국가와 경제

5장 | 세계와 경제

6장 | 한국과 경제

1장

나와
경제

경제 활동은 언제 시작되었을까

인류의 첫 경제 활동

까마득한 옛날, 사람들은 먹을거리를 찾아 떠돌아다녔습니다. 산에서 열매를 따고, 들에서 풀을 뜯거나 밀이나 보리 낟알을 주우며 살았습니다. 나무와 돌, 뼈 등으로 만든 도구로 야생 동물과 물고기를 잡기도 했지요. 약 1만 5000년 전부터 움집을 짓고 한곳에 머물러 살게 되었어도 먹을거리를 얻는 방법은 그대로였다고 합니다. 이 시기에 지구상에 일어났던 일을 정확히 알려 주는 기록은 없지만, 사람들은 농사가 시작된 시기를 대략 1만 2000년 전이라고 추측합니다. 언제 어느 지역에서 무슨 농사를 지었는지는 발굴되는 곡식을 통해 밝혀내고 있어요.

농사를 짓게 된 것은 사람들의 관찰력과 호기심 덕분이었습니다.

당시 사람들은 봄에 낟알에서 새싹이 튼 것을 관찰하고는 낟알을 땅에 심었어요. 그랬더니 많은 새싹이 돋은 것입니다. 이후 농사를 본격적으로 짓게 되지요.

이제 인류는 자연에 의존해서 먹을거리를 마련했던 생활에서 벗어납니다. 그 대신 노동을 통해 새로운 생산물을 만들어 내는 생산의 시대가 시작되었어요. 아울러 염소, 양, 돼지 같은 야생 동물을 길들여 울타리 안에서 기르는 목축도 이루어졌습니다.

초기 농사는 주로 식량으로 삼을 곡물을 수확하고, 이듬해 사용할 씨앗을 보관하는 정도였습니다. 시간이 흘러 곡식을 오래 보관할 수 있다는 사실을 알게 된 사람들은 당장 필요한 양보다 더 많은 곡식을 거두어들이려 했죠. 이를 위해 새로운 농기구를 발명하거나, 논밭에 물을 끌어들이려고 인공적으로 물길을 내고, 가뭄을 대비해 저수지를 만드는 등의 시도를 했습니다. 이처럼 도구를 써서 농사를

농사를 지으면서 목축도 시작되었다. 인류는 야생 동물을 길들여 농사 지을 때 활용했고, 고기도 얻었다.

짓게 된 것을 '신석기 혁명'이라고 합니다. 최초로 생산 활동을 하게 된 시기가 신석기시대였거든요.

생산, 소비, 분배

인류는 도구를 만드는 재료를 중심으로 석기시대, 청동기시대, 철기시대 순으로 발전해요. 청동은 단단하지 않아서 청동기시대에도 돌로 만든 농기구가 주로 사용되었지만, 철기시대에는 철로 농기구를 만들게 되었습니다. 철제 농기구로 부드러운 땅뿐만 아니라 높은 산악 지대에서도 농사를 짓게 되었어요. 덕분에 농업 생산량이 매우 늘었고, 먹고 남은 생산물로 다른 가공식품을 만드는 수공업이 발달하게 되었습니다. 이런 생산물을 판매하는 상업도 함께 발달하게 되었지요.

농경과 목축으로 경제가 시작되고 18세기 영국에서 일어난 산업혁명으로 경제는 큰 전환점을 맞이했습니다. 기계로 생산을 하면서 모든 분야의 생산량이 엄청나게 늘었지요. 원료와 제품 운송을 위해 교통기관이 발달하는 등 세상은 역동적으로 변했어요. 산업의 기초가 농업에서 공업으로 바뀌면서 자본가들은 많은 부를 축적하게 되었고, 자본주의시대가 열렸습니다.

자본주의시대의 경제 활동은 크게 '생산', '소비', '분배' 활동으로 나눌 수 있습니다.

생산이란 사람에게 유용한 재화를 만들거나 재화의 가치를 높이는 일, 또는 누군가에게 서비스를 제공하는 모든 활동을 뜻합니다.

농사와 목축뿐만 아니라 공장에서 물건을 만들고, 이를 운반하거나 보관하고 판매하는 일, 의사의 진료나 학생을 가르치는 일 등이 모두 생산 활동에 속해요.

소비란 돈을 내고 생산물을 사용하는 활동입니다. 물건을 사고, 버스나 지하철을 타고, 영화를 보는 일 모두 소비입니다.

분배란 생산 활동으로 번 돈을 나누어 받는 것입니다. 직장에서 일을 하고 월급을 받거나, 기업을 경영해서 이윤을 얻는 것이 대표적입니다.

이렇게 경제 활동에 참여하는 개인이나 집단을 '경제 주체'라고 합니다. 경제 주체는 가계, 기업, 정부로 나누어요. 경제 활동이 이루어지는 과정은 다음과 같습니다.

재화와 서비스를 생산하는 기업은 생산 시설을 갖추고, 원료를 구입하고, 일할 사람을 고용합니다. 고용된 사람들은 생산 활동을 통해 얻은 소득으로 생활에 필요한 재화와 서비스를 사는 소비 활동을 하고요.

정부는 나랏일을 할 사람을 고용하고, 일하는 데 필요한 재화와 서비스를 구입합니다. 공원이나 도로 같은 공공시설을 건설하거나, 전기와 철도 서비스 같은 공공재를 생산하는 기업을 경영하기도 합니다. 나랏일을 하는 데 필요한 비용은 국민과 기업이 낸 세금으로 마련합니다.

그렇다면 경제란 무엇일까요? 경제는 경제 활동은 물론이고, 경제 활동과 관련된 질서나 제도까지 포함하는 말입니다.

재화와 서비스

생산 활동으로 만들어지는 모든 상품은 '재화'와 '서비스'로 나눌 수 있다. 재화는 옷이나 운동화, 전자 제품처럼 형태가 있어서 손으로 만질 수 있는 물건을 뜻한다.

서비스는 용역이라고도 한다. 의사의 진료나 미용실의 머리 손질처럼 사람들의 생활을 편리하고 즐겁게 해 주는 기술이나 활동을 일컫는 말이다.

재화는 희소성이 있는 것으로 돈을 주고 사느냐, 아니냐에 따라 '자유재'와 '경제재'로 나눈다. 예를 들어 신발처럼 돈을 주고 사야 하는 것은 경제재, 공기처럼 돈을 주고 사지 않는 것은 자유재로 분류한다. 살아가는 데 꼭 필요하지만 돈을 지불하지 않아도 누릴 수 있는 햇빛이나 공기가 대표적인 자유재이다. 물처럼 자유재였다가 생수를 사 먹는 문화가 생겨나면서 경제재로 바뀐 재화도 있다. 희소성은 돈이나 물건, 시간처럼 사용할 수 있는 지원이 한정된 것을 말한다. 재화의 양이 아주 많아도 부족함을 느끼면 희소성이 있고, 존재하는 양이 적어도 사람들이 찾지 않는다면 희소성이 없다.

기술은 경제 활동을 어떻게 바꿨을까

경제 활동의 기준

사람들은 오랫동안 해를 기준으로 삼아 일을 했습니다. 해가 뜨면 일하러 나가고, 해가 지면 일을 멈추고 집으로 돌아갔어요. 그런데 '기계식 시계'가 등장하면서 일하는 기준이 시간으로 바뀌었습니다.

이러한 기계식 시계는 톱니바퀴와 축을 이용해서 시간을 재는데, 13세기 말 유럽의 수도원에서 발명되었습니다. 하루 7번 기도를 했던 수도사들은 기도 시간을 알려 주는 물건이 필요했거든요. 기계식 시계가 발명된 후 수도원 건물에는 시계탑이 세워졌고, 정해진 시간마다 종이 울렸습니다. 시계의 종소리가 보통 사람들에게도 영향을 끼치면서, 시간은 사람들의 일상생활을 지배하게 되었어요.

16세기 유럽에서는 상공업이 발달했습니다. 종교개혁과 르네상스

솔즈베리 대성당에 있는 최초의 기계식 시계. 1386년에 제작되었다.

시기를 지나면서 시민계급의 힘이 강해졌거든요. 노동자들은 일정한 시간 동안 주어진 임금을 받는 조건으로 일했습니다. 그래서 시간은 자연스럽게 경제 활동의 기준이 되었어요. 시간이 노동의 필수 조건이 된 것입니다.

19세기에 등장한 열차는 경제 환경을 획기적으로 바꾸었습니다. 철도가 주요 도시와 항구, 산업 지대를 연결하면서 상품 운송이 쉬워지고 운송비가 절감되자, 세계적으로 상품 교역이 급속히 늘어났어요. 사람도 쉽게 이동할 수 있어 문화 산업이 발달하고 여행과 관광도 대중화되었습니다. 그리고 '태양은 이제 출근 시간을 결정하지 못한다'는 말이 생겨났지요. 태양이 아닌 열차의 운행 시간이 사람들의 경제 활동을 지배하는 기준이 되었기 때문입니다.

대량 생산 대량 소비

20세기 이전에는 부자가 아닌 사람들은 패션에 관심을 가질 수 없었습니다. 숙련된 장인이라도 긴 시간을 들여야 옷 한 벌을 지을 수 있어서 옷값이 아주 비쌌거든요. 그러나 지금은 공장에서 값싸고 세련된 옷을 마구 쏟아내서 누구나 부담 없이 옷을 살 수 있습니다. 이러한 생산과 소비의 변화는 어떻게 가능해진 것일까요?

1781년 영국의 기술자 제임스 와트 James Watt는 물이 끓을 때 나오는 수증기의 힘을 이용해 움 직이는 증기 기관을 발명했습 니다. 증기 기관의 발명은 사 람의 노동을 덜어 주는 새로 운 기계의 발명으로 이어졌고 요. 대표적인 것이 방적기였습 니다. 방적기가 발명되기 전에 는 사람이 일일이 손으로 실 을 뽑아내 천을 짰습니다. 사 람들은 방적기가 일을 처리하

증기 기관을 발명한 제임스 와트

는 속도에 놀라움을 금치 못했습니다. 생산 기술의 발전은 새로운 기계의 발명으로 이어졌고, 급기야 산업 기반이 수공업 작업장에서 기계 설비를 갖춘 공장으로 바뀝니다. 이런 변화를 '산업혁명'이라고 합니다. 공장에서 일하는 사람이 늘어나면서 일터와 가정이 분리되기 시작해요.

영국의 산업혁명이 프랑스, 독일 미국으로 퍼지자, 이들 나라에서도 과학과 기술에 많은 관심을 가졌습니다. 19세기 후반에는 일상생활을 편리하게 해 주는 타이어, 재봉틀, 엘리베이터, 타자기, 오븐 등 크고 작은 발명품이 줄지어 등장했어요. 경제 발전에 엄청난 영향을 끼쳤던 전화기와 전구, 자동차도 발명되었지요. 이를 '2차 산업혁명'이라고 합니다.

산업혁명 이후
노동자들의 삶은 아주 비참했어.
공장주들은 임금이 비싼 숙련된 노동자 대신
임금이 싼 여성이나 아이들을 주로 고용했지.
이들은 열악한 작업 환경에서
장시간 노동에 시달렸어.

19세기 영국의 공장

기술의 발달은 생산 환경을 계속 변화시켰습니다. 20세기 초 '자동차 왕'으로 불리는 미국의 기업가 헨리 포드Henry Ford는 대량 생산의 원칙이 된 '3S 원칙'을 고안했어요. 3S 원칙은 '제품과 작업의 단순화Simplification', '부품과 작업의 표준화Standardization', '기계와 공구의 전문화Specialization'를 말합니다. 그뿐만 아니라 공업에서 이동식 조립 라인 방식으로 생산을 시도했으며, 이를 통해 작업을 세분화, 분업화했습니다. 노동자들이 공구를 들고 작업대로 찾아가 제품을

1913년에 포드 자동차가 처음으로 컨베이어 벨트로 연결된 조립 라인을 만들었지. 그 덕분에 더 빨리 상품을 만들어 낼 수 있었어. 지금도 컨베이어 벨트는 곳곳에 쓰이고 있어.

만들고 조립하는 대신 컨베이어 벨트가 조립품을 실어 나르는 것이죠. 노동자들은 같은 장소에서 일정한 동작을 반복하며 작업을 하게 되었습니다.

포드는 이런 혁신으로 생산 비용을 낮춘 반면, 노동자의 임금은 올렸어요. 노동자의 소득이 올라야 구매력이 높아져 자동차 판매가 장기적으로 늘어난다고 보았거든요. 그래서 미쳤다는 소리까지 들으며 1914년 하루 임금을 5달러(2024년 화폐 가치로 약 156달러, 한화로 약 21만 원이다)로 올렸습니다. 소득이 늘어난 노동자들은 자동차뿐만 아니라 공장에서 생산했던 많은 물건을 살 수 있었어요. 임금이

영국의 산업혁명

영국의 산업혁명은 면직물 공업 분야에서 시작되었다. 1720년 영국 의회의 인도산 면직물 판매 금지 조치는 면직물 공업 기술을 발전시키는 계기가 되었다. 1765년 제임스 하그리브스James Hargreaves는 제니 방적기, 1769년 리처드 아크라이트Sir Richard Arkwright은 수력 방적기, 1779년 새뮤얼 크럼프턴Samuel Crompton이 두 방적기의 특징을 살린 뮬 방적기를 발명했다. 1789년에는 에드먼드 카트라이트Edmund Cartwright가 증기력을 이용해 직물을 짜는 역직기를 발명하면서 면직물 공업은 빠르게 기계화되었다.

면직물 공업의 발전으로 철강·석탄 화학·기계 공업 같은 관련 산업이 발전했다. 그리고 엄청나게 늘어난 생산 원료와 제품의 운송을 감당하기 위해 철도가 만들어졌다. 면직물 공업 분야의 발전이 다른 분야의 발전으로 이어진 것이다.

세계 최초의 화물용 증기 기관차인 로코모션호. 영국의 스톤턴에서 달링턴까지 40킬로미터를 달린 상업용 철도이다. 면직물 등을 실어 날랐다.

오르면서부터 '대량 생산' · '대량 소비' 사회가 열린 것입니다.

세상을 바꾼 컴퓨터

1946년 일본에서는 주판과 컴퓨터의 초기 형태인 전동 계산기를 놓고 시합이 벌어졌습니다. 전동 계산기란 톱니바퀴를 이용한 기계식 계산기에 전기 모터를 달아 계산을 자동으로 하는 계산기였어요. 주판과 전동 계산기 중 어떤 것이 먼저 빠르고 정확하게 계산해 내는

최초의 범용 전자식 컴퓨터 애니악

지를 겨루는 시합이었는데, 주판이 4 대 1로 이겼습니다. 당시 이를 보도한 신문은 기계보다 먼저 발명된 주판이 이긴 것을 보고는 "문명이 갈 길이 멀다"라고 한탄을 했지요.

컴퓨터 이전의 기계들은 이를테면 주판처럼 인간이 몸을 써야 할 일을 대신하는 기계였습니다. 반면 컴퓨터는 인간이 머리를 써서 할 작업을 돕기 위해 만들어진 기계입니다. 하지만 컴퓨터의 초기 형태는 주판과 대결에서도 패배할 정도로 둔하고 느렸어요.

같은 해인 1946년 미 육군과 펜실베이니아대학교는 방 하나를 가득 채울 정도로 거대한 컴퓨터인 '에니악ENIAC'을 개발했어요. 에니악은 발사된 미사일이 목표에 이르기까지 거리 즉, 미사일 탄도를 계산하거나 적국의 암호를 해독하는 데 활용됐습니다. 이후 1960년대까지 컴퓨터는 우주 연구, 공장 자동화 등 복잡한 일에 제한적으로 사용됐지요.

1970년대가 되자 개인용 컴퓨터PC가 등장합니다. 세계 최초의 개인용 컴퓨터는 미츠MITS사가 1975년 1월에 선보인 알테어 8800이지만, 스티브 잡스Steve Jobs

개인용 컴퓨터 시대를 연 애플II

와 스티브 워즈니악Steve Wozniak이 만든 기업 애플(당시 애플 컴퓨터)은 개인이 구매할 만한 가격대로 '애플II'를 출시하며 개인용 컴퓨터의 대중화 시대를 열었어요. 애플은 아이콘, 메뉴, 마우스를 이용해 컴퓨터를 조작할 수 있는 인터페이스도 1984년에 처음 도입했습니다.

컴퓨터가 발달하자 덩달아 통신망도 함께 발달했습니다. 1967년 미국 국방성은 '컴퓨터와 컴퓨터를 연결'하려는 계획을 세웁니다. 이것을 '아파넷 계획'이라고 하지요. 아파넷은 미국 국방부 산하 고등 연구 계획국Advanced Research Project Agency의 약자인 'ARPA'와 그물을 뜻하는 'net'을 합쳐 만들어진 말이에요. 여기서 인터넷이 시작되었지요.

아파넷 계획을 구체적으로 살펴보면, 서버를 여러 곳에 나누어 두

손 안의 컴퓨터, 스마트폰

고 서로 연결해 놓자는 것입니다. 통신망 한두 곳이 폭격으로 끊기더라도 안정적으로 정보를 주고받으려면, 여러 경로로 분산해 통신이 이뤄져야 한다고 본 것이지요. 당시는 냉전 시대 였는데 소련을 앞서려면 정보전에서 우위를 차지해야 했거든요. 냉전은 제2차 세계대전 이후 미국과 소련을 중심으로 세계가 자본주의와 공산주의 세력으로 나뉘어 대립하던 상태를 말하는데, 1990년 소련이 해체되면서 끝납니다.

그런데 공학자들은 아파넷을 통해 일을 하면서 사적인 이야기도 주고받기 시작합니다. 마침 컴퓨터가 보급되던 때였기 때문에 아파넷은 점차 거대한 네트워크로 성장했지요. 마침내 1983년 아파넷은 군사용에서 민간용 네트워크로 변형되면서 '인터넷Internet'으로 발전하게 됩니다.

컴퓨터와 인터넷은 2000년대 들어 크게 변합니다. 들고 다니면서 언제 어디서나 사용할 수 있는 손 안의 컴퓨터 '스마트폰'이 등장했기 때문입니다. 2007년 출시된 애플의 '아이폰'이 신호탄이었지요. 스마트폰은 사람들을 시간과 공간의 제약에서 벗어나게 했습니다. 이를테면 뉴스나 드라마를 보기 위해 시간 맞춰 TV 앞에 가지 않아도 되고 어디서나 인터넷에 접속할 수 있게 됐거든요.

컴퓨터와 인터넷의 발전, 스마트폰의 등장은 산업 구조를 변화시

4차 산업혁명

2016년 세계경제포럼World Economic Forum, WEF의 클라우드 슈밥Klaus Schwab 회장은 우리가 '4차 산업혁명'을 맞이하고 있다고 선언했다. 그리고 2022년 말 생성형 인공지능인 '챗지피티ChatGPT'가 등장하며 사람들은 변화의 바람을 느끼기 시작했다.

4차 산업혁명은 인공지능이 주도하고 있다. 인공지능은 언어를 이해하고 주변을 인지해 판단을 내리는 등 사람의 지적 능력을 컴퓨터로 구현한 기술이다. 이미 외국어 번역, 작곡, 프로그래밍 언어로 간단한 코딩을 척척 하는 수준까지 진보했다.

4차 산업혁명은 인류의 생활 방식, 경제 구조, 사회 질서에 큰 변화를 예고하고 있다. 지루한 반복 작업을 인공지능에 맡기면, 인간은 더 복잡한 일에 시간을 쏟을 수 있다. 마부가 사라지고 자동차 운전사라는 직업이 생긴 것처럼, 일자리도 크게 변화할 것이다. 엄청난 전력을 소모하는 인공지능을 운영하기 위해, 에너지를 얻는 방법도 달라질 것이다.

켰습니다. 업무 처리가 빨라지면서 생산성이 크게 높아졌고 온라인 쇼핑, 전자 결제 등 새로운 서비스가 등장했어요. 이러한 변화를 '3차 산업혁명'이라고 합니다.

왜 경제를 알아야 할까

경제라는 나침반

'호모 이코노미쿠스Homo Economicus'는 인간을 뜻하는 '호모'에 경제를 뜻하는 '이코노미'를 합친 말입니다. 자신이 무엇을 좋아하는지 정확히 알고 비용과 만족감을 따져 합리적인 선택을 하는 인간을 뜻하지요. 경제학에서는 전통적으로 모든 사람을 호모 이코노미쿠스라고 봅니다. 그런데 과연 그럴까요?

행동경제학은 우리가 항상 합리적이지 않다는 것을 인정하고, 인간이 어떤 과정을 거쳐 의사 결정을 하는지 연구하는 분야입니다. 2017년 노벨경제학상 수상자였던 행동경제학자 리처드 탈러Richard H.Thaler는 사람을 합리적 선택을 하는 경제적 인간과 평범한 인간으로 나누며, 대부분 사람은 경제적 인간이 아니라고 했어요. 그의 설명을 잠깐 들어 볼까요?

"경제학 서적을 들춰 보면, 호모 이코노미쿠스는 알베르트 아인슈타인처럼 사고하고 IBM 컴퓨터처럼 뛰어난 기억 용량을 갖고 있으며 마하트마 간디 같은 의지력을 발휘할 수 있는 존재처럼 느껴진다. 하지만 대부분 사람은 그렇지 않다. 우리는 계산기가 없으면 복잡한 나눗셈을 할 때 어려움을 겪고, 종종 배우자의 생일을 잊어버리며, 새해 벽두부터 숙취로 머리를 쥐어뜯는다. 우리는 호모 이코노미쿠스가 아니라 그저 호모 사피엔스일 뿐이다."[1]

그렇다면 평범한 인간은 비합리적인 선택만 하는 것일까요? 그렇진 않습니다. 합리적인 선택을 하기 위해 정확한 정보를 모으고 냉철한 이성으로 생각하며 실수를 줄이려고 노력해야 합니다. 이것이 바로 경제를 알아야 하는 이유입니다. 경제적으로 생각할 줄 안다는 것은 인생이라는 기나긴 항해에서 길을 잃지 않도록 도와주는 훌륭한 나침반을 사용하는 것과 같습니다.

공짜 점심은 없다

기술의 발달과 함께 인간을 둘러싼 경제 환경은 끊임없이 변했어요.

하지만 사람들이 경제 활동을 하는 본질은 변하지 않았습니다. 바로 더 나은 선택으로 행복해지기 위해서이지요. 사람들은 스스로 깨닫지 못하는 순간에도 선택을 합니다. 그렇다면 우리는 왜 선택을 할까요? 비용은 가장 적게 들이면서, 가장 큰 효과를 거두기 위함입니다. 하지만 비용을 따질 때는 돈도 고려해야 하지만, 시간, 노력 등도 동시에 따져야 합니다.

돈이 부족해서 원하는 것을 사지 못한 적이 있지요? 시간이 부족해서 하고 싶은 일을 할 수 없었던 경우도 있을 테고요. 이처럼 돈이나 시간 같은 자원은 원하는 만큼 가질 수 없어서 '희소성'이 있다고 합니다. 희소성 때문에 사람들은 무언가를 사거나 어떤 일을 할 때마다 곰곰이 생각하며 가장 큰 만족감을 주는 쪽을 선택합니다.

아이스크림 먹을까, 콜라 마실까?
아, 고민되는데. 어제 콜라 마셨으니까
오늘은 아이스크림! ♥
콜라는 기회비용이 되겠지만 말이야.

편의점에서 2000원으로 아이스크림 혹은 음료수 중 무엇을 살지 고민한 적이 있나요? 한참 생각하다가 음료수를 골랐다고 생각해 봅시다. 이런 경우 음료수를 사기 위해 포기한 아이스크림을

'기회비용'이라고 합니다. 기회비용이란 어떤 것을 선택하면서 포기해야 하는 대가를 뜻해요. 물건을 고를 때뿐만 아니라 선택을 하는 모든 경우에 사용되는 말입니다.

'공짜 점심은 없다'라는 말을 들어 봤나요? 이는 모든 일에는 치러야 하는 기회비용이 있다는 말입니다. 하나를 선택하면 다른 하나

합리적인 의사 결정을 위한 5단계

의사 결정이란 개인이나 조직이 주어진 문제를 해결하기 위해 여러 대안을 찾고 그중 가장 합리적이고 효과적인 것으로 결정하는 과정이다. 다음과 같은 5단계를 거쳐 결정하게 된다.

❶ '문제 인식 단계'에서는 주어진 문제가 무엇인지를 파악한다.

❷ '정보 탐색 단계'에서는 문제 해결을 위한 자료와 정보를 수집한다.

❸ '대안 찾기 및 평가 단계'에서는 수집한 정보를 바탕으로 몇 가지 대안을 찾은 후 선택의 우선순위를 정한다.

❹ '합리적인 대안 선택 단계'에서는 각 대안을 선택하는 비용과 각 대안을 선택했을 때의 만족감을 분석한 후 선택을 결정한다.

❺ '결과 평가 및 반성 단계'에서는 선택의 결과가 기대 수준에 어느 정도 일치하는지를 평가하고 만족스럽지 않았다면 미래의 의사 결정은 더 나은 방향으로 나아가도록 반성의 기회를 갖는다.

경제 활동을 할 때 합리적인 의사 결정은 기회비용이 가장 적은 쪽을 선택해서 최대한의 만족감을 얻는 경제 원칙을 바탕으로 이루어진다. 희소한 자원을 주어진 범위 내에서 이용해야 하기 때문이다.

를 잃을 수밖에 없지요. 그래서 선택을 할 때는 항상 신중하게, 최선의 방안을 찾아야 해요. 선택을 잘하려면 자신의 경제 상황을 스스로 파악하고 먼 미래를 생각하는 연습을 하면 좋을 것입니다.

사람들은 어떻게 돈을 벌까

사라진 직업과 새로 생긴 직업

직업을 고르는 것은 살면서 내려야 할 중요한 선택 중 하나입니다. 사전에서는 직업을 '생계를 유지하기 위해 자신의 적성과 능력에 따라 일정한 기간 동안 계속 종사하는 일'이라고 정의합니다. 다시 말해 직업을 고르는 것은 우리가 어떻게 소득을 얻을지 정하는 것이라고 할 수 있어요.

과거에는 대부분 한번 직업을 정하면 평생 그 일을 했습니다. 변화가 느린 사회에서는 한번 정한 직업을 바꿀 이유가 없었어요. 게다가 신분 사회에서는 직업이 곧 계급을 의미하는 경우가 많아, 마음대로 직업을 고를 수도 없었지요. 하지만 현대 사회에서는 다릅니다. 빠르게 발전하는 기술에 맞춰 사회도 시시각각 변하거든요. 이에

지금은 사라진 직업들. (위부터 시계방향으로)
마부, 전화 교환원, 조판공

맞춰 직업도 새롭게 생기고 사라집니다.

　예를 들어 이동 수단이 발전하면서 마부, 인력거꾼 같은 직업은 사라졌어요. 자동차, 기차, 비행기 등 새로운 운송 수단이 등장했기 때문이지요. 과거에 인기가 높았던 인쇄소의 식자공, 타자수, 전화 교환원, 시내버스 승무원도 지금은 찾아보기 어려워요. 그 대신 정보 통신IT 기술의 영향으로 프로그래머, 게임 디자이너, 통신보안 전문가, 온라인 쇼핑몰 운영자, 유튜브 크리에이터 같은 새로운 직업들이 생겨났죠.

　직업이 사라지면 그 일을 하던 사람들은 먹고살기 어려워집니다. 반대로 과거에는 없던 재화나 서비스에 대한 수요가 많아지면 이것을 생산하는 직업이 새로 만들어지지요.

테슬라의 인공지능 로봇 '옵티머스'

앞에서 잠깐 4차 산업혁명에 대해 말했습니다. 4차 산업혁명 핵심은 인공지능인데, 인공지능 때문에 일자리가 많이 사라질 것이라고 걱정하는 사람도 많습니다. 기술과 사회가 어떻게 변해 가는지 알아야 하는 이유가 여기에 있습니다. 어떻게 변하는지 알아야 앞으로 어떤 분야에 관심을 갖고, 어떤 일을 하는 것이 좋을지 알게 되니까요.

돈을 버는 다양한 방법

앞서 경제 활동은 인류가 자급자족을 한 것부터 시작해 물건을 사고팔면서 돈을 버는 형태로 발전했다고 했지요? 경제 활동을 해서 번 돈을 소득이라고 합니다. 사람들은 소득으로 필요한 물건을 사고 여행을 가고, 세금을 내고 저축도 합니다.

소득의 종류는 보통 '근로소득(노동소득)', '사업소득', '재산소득', '이전소득'으로 나눠요.

돈을 버는 가장 흔한 방법은 직접 생산에 참여하는 것입니다. 대표적인 것이 회사에 취직하는 것이지요. 이렇게 해서 번 돈을 근로소득이라고 합니다. 우리나라 사람들의 전체 소득 중 근로소득 비율이 60퍼센트가 넘어요. 대부분 사람이 취직해 번 돈으로 살아간다는 말이지요.

회사를 차리거나 가게를 열고 농사를 짓는 등 스스로 만든 일터에서 일을 하고 돈을 벌기도 합니다. 이렇게 버는 돈을 사업소득이라고 합니다. 쉽게 말해 편의점을 직접 차려서 버는 돈은 사업소득이고, 편의점 직원으로 일하며 받는 돈은 근로소득입니다.

생산을 하려는 사람들에게 땅이나 돈을 빌려주고 돈을 버는 방법이 있습니다. 직접 일해 버는 것은 아니지만 자신의 재산으로 생산에 참여해서 돈을 버는 것입니다. 이렇게 번 돈을 재산소득이라고 해요. 은행에 돈을 맡기거나 채권을 사서 받는 이자, 주식을 가진 회사의 사업이 잘 됐을 때 받는 배당금, 토지나 건물을 다른 사람에게 빌려주고 받는 임대료 등이 모두 재산소득이에요.

이전소득은 생산에 참여하지는 않았지만 정부나 민관 기관 또는

아, 그럼 세뱃돈은
이전소득이겠는데?

타인에게서 받는 돈입니다. 국민연금이나 건강보험금, 실업급여 같은 사회보험금, 저소득층에게 지원하는 생활비인 기초생계비, 어린 자녀가 있는 가정에 주는 육아지원금과 상속이나 증여로 받는 돈, 친지들이 축하 혹은 위로금 모두 이전소득이에요.

소득을 얻는 방법은 사람마다 달라요. 재능, 숙련도와 전문 지식, 일하는 분야, 물려받거나 스스로 모은 재산의 양 등이 제각각이니까요. 이처럼 처한 상황은 달라도 사람들은 누구나 돈 걱정 없이 살고 싶어 합니다. 그래서 저마다 더 많은 소득을 안정적으로 얻기 위해 인생에서 수없이 많은 선택을 하게 됩니다.

돈은 어떻게 관리해야 할까

돈 관리의 첫걸음

이웃 중에 마음에 드는 물건이 있으면 신용카드로 사고 보는 사람이 있습니다. 그러고는 항상 돈이 없어서 쩔쩔매지요. 신용카드는 원하는 것이면 다 갖게 해 주는 마법 카드가 아닙니다. 정해진 날짜에 갚기로 하고 잠시 돈을 빌려 주는 수단일 뿐이지요. 게다가 할부로 사면 물건 값에 빌려 쓰는 기간에 대한 이자까지 더해집니다. 그래서 카드 대금을 갚으면 주머니가 텅텅 비고, 다시 할부로 물건을 사는 악순환에 빠질 수 있습니다. 그러므로 바람직한 소비 습관을 들이는 것이 중요합니다.

소비는 어떻게 하면 좋을까요? 우선 가진 돈 중에서 일부는 저축하고 남은 돈을 계획한 범위에서 소비하는 습관을 길러야 합니다.

미리 필요한 돈을 따져 보는 것을 '예산'을 세운다고 해요. 매월 어느 정도 저축하고 쓸지를 따져 계획하는 것이죠. 예산을 세우면 꼭 필요한 곳에만 돈을 쓸 수 있습니다.

예산을 세워도 뜻밖의 일이 생겨 돈을 더 쓰기도 해요. 이때는 저축했던 돈을 찾아 쓰거나, 다음 달 용돈을 앞당겨 주기를 부탁해야 겠지요. 물론 이보다 먼저 할 일은 지출할 돈 중에서 줄일 곳은 없는지 살펴보고 다시 예산을 짜는 것입니다. 꼼꼼히 살펴보면 군것질이나 놀이를 위한 지출처럼 줄일 수 있는 부분이 있거든요. 그러니까 돈이 부족할 때 가장 먼저 할 일은 꼭 필요하지 않은 지출을 줄이는 것입니다.

유대인의 돈 관리

구글의 공동 창업자 래리 페이지Larry page와 세르게이 브린Sergey Brin, 페이스북(2021년 10월 회사명을 메타로 바꾸었다)을 설립한 기업가 마크 저커버그Mark Zuckerberg, 스타벅스의 창업자 하워드 슐츠Howard Schultz, 블룸버그 L.P.의 소유주인 마이클 블룸버그Mike Bloomberg의 공통점은 무엇일까요? 모두 '유대인'이라는 사실입니다. 전 세계 인구에서 유대인이 차지하는 비중은 약 0.3퍼센트에 불과합니다. 하지만 이름만 들어도 아는 세계적인 부자 중에는 유독 유대인이 많아요. 유대인이 차지하는 부가 세계 경제의 30퍼센트에 이를 것이라는 말이 있을 정도니까요. 유대인은 어떻게 많은 부를 쌓을 수 있었을까요?

사실 유대인은 백 년 전만 하더라도 차별을 받는 떠돌이 민족이었습니다. 중세 유럽에서는 기독교가 절대적인 힘을 쥐고 있었어요. 기독교는 예수를 믿는 종교이고 유대교는 예수의 존재를 인정하지 않는 종교입니다. 기독교인들은 유대인이 예수의 존재를 믿지 않고, 예수를 죽였다는 이유로 그들을 핍박했어요. 그래서 기독교로 개종하지 않은 유대인에게는 시민권을 주지 않았지요. 그리고 이들을 '게토'라는 지역에 갇혀서 살아야 했고, 토지를 소유할 수도 없게 했습니다. 유대인들은 농사를 짓지도 못하고, 노동자 조합인 '길드'에 가입할 수 없어서 수공업자가 될 수도 없었지요. 그래서 어쩔 수 없이 당시 기독교에서 손가락질하던 금융업에 뛰어들었습니다. 기독교에서는 성경 구절을 근거로 '이자'를 받는 것을 죄로 여겼기 때문입니다. 유대인들은 안정적인 길로 갈 수 없으니 새로운 길을 개척해서라도 살아남으려 애쓴 것이지요.

그러다 보니 유대인은 어렸을 때부터 스스로 돈을 관리하며 경제 활동을 하는 법을 배운다고 합니다. 유대인은 13세에 성인식을 치르는데, 이날 집안 어른을 비롯한 하객들이 유산을 물려준다는 개념으로 큰 축의금을 건네요. 축의금은 수만 달러에서 많게는 수십만 달러에 이릅니다. 13세에 우리 돈으로 수천만 원에서 수억 원을 손에 쥐게 되는 것입니다.

유럽에서 유대인들이 격리되어 살았던 게토. 〈피렌체의 게토Ghetto of Florence〉, 텔레마코 시뇨리니Telemaco Signorini

아이는 이 돈을 부모의 도움을 받지 않고 스스로 관리해야 합니다. 성인식을 치렀다는 것은 경제 활동의 책임도 본인이 진다는 의미니까요. 자연스럽게 큰돈을 관리하기 위해 주식, 채권, 예금 등 금융 상품을 공부하고, 기업과 산업에 대해서도 관심을 갖게 되겠지요. 목돈을 안전하게 지키고 똑똑하게 불리는 법을 청소년기부터 경험하는 것입니다. 20대가 될 때까지 축의금을 잘 관리하면 통장에 있는 돈은 쑥쑥 불어나겠죠. 사업 밑천으로 삼을 수 있을 정도로요. 유독 젊은 나이에 창업한 유대인이 많은 것도 이런 문화 때문입니다.

패스트 패션은 합리적일까

'패스트 패션fast fashion'은 말 그대로 빠르게 만들어 파는 의류를 말합니다. 2000년대 중반부터 유럽을 중심으로 빠르게 성장했고, 미국과 아시아 지역으로 퍼지면서 전 세계에 붐을 일으켰지요.

패스트 패션의 특징은 최신 유행의 디자인과 저렴한 가격입니다. 패스트 패션 기업은 고객의 취향과 시장 분위기를 빠르게 파악해 단시간에 새로운 상품을 만들어 냅니다. 옷의 기획부터 판매에 이르는 모든 과정을 하나로 묶은 시스템을 갖추고 있거든요. 그리고 전 세계의 수많은 매장에서 팔 수 있어서 같은 디자인의 옷을 엄청나게 많이 만들어 냅니다. 상품을 생산할수록 생산 비용이 감소해 가격이 저렴할 수 있는 것이지요. 개인 입장에서는 옷값이 싸니 합리적인 선택처럼 보입니다. 그런데 과연 그럴까요? 패스트 패션은 심각한 환경 오염을 일으킵니다. 유행이 빠르게 변하다 보니 팔리지 않고 버려지는 옷이 엄청나게 많아졌기 때문이지요.

패스트 패션은 생산 비용을 낮추려고 싸고 환경에 해로운 합성

패스트 패션 때문에 많은 옷이 버려져 환경이 오염되고 있다.

섬유를 쓰는 경우가 많아요. 합성 섬유가 분해될 때 유독 물질, 이산화탄소, 미세 플라스틱 등이 나오는데 이것들이 환경을 오염시킵니다. 화학 염료로 옷감을 염색하기 위해 엄청나게 많은 물을 사용하는 점도 문제이고요.

이처럼 특정 경제 주체의 활동이 다른 사람이나 사회에 편익이나 비용을 발생시키는 것을 '외부 효과Externality'라고 합니다. 패스트 패션도 부정적 외부 효과인 환경 문제를 일으키지요. 물론 자신이 당장 대가를 치르지는 않습니다. 하지만 지구가 망가지면 어떤 생명체도 살아남을 수 없다는 점을 기억해야 해요. 그러므로 소비를 할 때는 가격처럼 자신이 지불하는 비용 뿐 아니라 구매하는 물건이 지구에 어떤 영향을 끼칠 지도 한번쯤 돌아봐야 합니다.

그래서 요즘은 '지속 가능한 소비'라는 개념이 주목을 받고 있어요. 대량 생산과 대량 소비에서 벗어나 지구를 생각하는 경제 활동을 하자는 것입니다. 새로운 상품보다는 중고 상품을 애용하고, 패스트 패션 대신 '슬로 패션Slow Fashion'을 입는 소비자 운동도 하지요. 슬로 패션은 패스트 패션과 달리 유행을 쫓지 않고 오랜 기간 입을 수 있는 옷을 말합니다. 여러분도 여기에 동참해 보면 어떨까요?

2장

시장과
경제

시장은 어떻게 만들어졌을까

거래를 연결하는 시장

대형 마트 말고 시장에 가 본 적이 있나요? 여기서 시장이란 재래시장을 뜻합니다. 경제 용어로 '시장'은 재화와 서비스의 거래가 이루어지는 모든 장소와 형태뿐만 아니라 추상적인 영역까지 포함하는 말입니다. 백화점, 편의점, 온라인 쇼핑몰은 물론이고 다른 나라의 돈을 사고파는 '외환시장', 주식 거래가 이루어지는 '주식시장', 일할 사람이 필요한 곳과 일할 사람을 연결해 주는 '노동시장' 등 시장의 종류는 엄청나게 많아요. 이런 거래를 연결해 주는 시장 덕분에 우리는 편리한 경제 생활을 할 수 있습니다.

시장이 있으면 무엇이 좋을까요? 우리 고장에서 생산되지 않는 물건을 필요한 때에 쉽게 구할 수 있습니다. 우리 고장의 물건을 쉽

113년에 개장한 트라야누스 시장의 아케이드는 세계에서 가장 오래된 쇼핑몰이다.

게 팔 수도 있고요. 물건을 사고파는 일이 쉬워지면 오래 보관하거나 저장할 필요가 없으니 보관이나 저장 비용도 줄어듭니다.

시장의 가장 큰 장점은 물건을 사고파는 거래를 연결해 준다는 것입니다. 물건을 만드는 생산자가 파는 일까지 직접 한다면 신경 쓸 일이 많아서 물건을 만들 시간도 없겠죠. 그런데 자신이 만든 물건을 다른 사람에게 맡겨서 판매한다면, 생산자는 품질이 좋은 물건을 만들기 위한 기술 개발에만 힘쓸 수 있어요. 이처럼 시장은 산업을 분업화해서 생산 활동의 효율성을 높입니다.

인류 최초의 거래, 물물교환

물물교환을 하던 시절에는 사람이 많이 모이는 곳을 찾아야 했습니다. 그래야 교환을 할 확률이 높으니까요. 그래서 물건을 실어 나르는 항구 근처, 지역의 중심이 되는 광장 같은 곳에서 시장이 생겨났습니다.

기원전 3500년 무렵 메소포타미아 지역에 살았던 수메르 사람들은 점토판에 갈대나 금속으로 쐐기 모양의 그림 문자를 새겼습니다. 후대에 이 점토판을 해석해 보니 장사에 관한 내용이었습니다. 수메르 사람들이 시장에서 물건을 사고팔았다는 증거가 되었죠. 메소포타미아 지역은 땅이 기름져 농경 생활이 특히 발달했다고 해요. 그렇기에 먹고 남은 곡식을 다른 물건과 바꾸려는 물물교환이 다른 곳보다 일찍 시작되었다고 본 것입니다.

시장이 생기면서 사람들은 필요한 물건을 쉽게 바꿀 수 있게 되었습니다. 시간이 지나면서 물건을 전문적으로 거래하는 상인이 등장했지요. 상인은 수공업자나 농부 등 생산자로부터 물

수메르인들의 쐐기 문자. 장사에 관한 기록도 있다.

건을 사서 그것을 필요로 하는 소비자에게 되팔았습니다.

고대 그리스 도시 국가에는 '아고라Agora'라는 야외 광장이 있었어요. 시민들은 아고라에 모여서 회의나 토론을 하고, 연극이나 운동 경기를 보기도 했어요. 한마디로 생활의 중심지였던 것이죠. 언제나 시민들로 북적였기 때문에 아고라는 물물교환에 가장 적합한 장소였습니다. 그래서 자연스럽게 시장이 들어섰지요.

로마에도 그리스의 아고라와 비슷한 곳이 있었어요. 바로 '포룸Forum'입니다. 다만 포룸에는 같은 종류의 물건을 파는 상점들이 한 곳에 몰려 있어서 포룸의 북동쪽 끝에는 식료품 가게들이, 동쪽에는 포목점들이 있었다고 해요. 또 역사가 오래된 유럽의 도시에 가면

'마르크트Markt'라는 광장이 있는데, 이곳에도 시장이 있었습니다. 유럽의 중세 도시들은 모두 시장을 중심으로 발달했지요.

우리 역사에서 시장이 등장한 시기는 5세기 말입니다. 신라의 소지왕이 시장을 만들라고 명령했다는 기록이 있어요. 고려 시대에는 절에서 시장이 주로 열렸다고 해요. 고려는 불교의 국가잖아요. 자연스레 절에서 행사가 많이 열렸고, 사람도 많이 모였어요. 그러다가 사람들이 모이기 쉬운 넓은 공터에서 정기적으로 장이 열렸지요. 조선 시대에는 백성들이 손쉽게 거래할 수 있도록 나라에서 장소를 정해 주고 매일 장이 열리게끔 제도를 만들었습니다.

브뤼헤 마르크트 광장

시장의 종류

경제학에서는 어떻게 경쟁하느냐에 따라 시장을 다양하게 분류한다. '완전경쟁시장', '독점적경쟁시장', '독과점시장'이 대표적이다.

완전경쟁시장은 이론에 따르면 가장 효율적으로 자원 배분이 일어나는 시장이다. 이 시장에서는 생산자와 소비자가 아주 많아서 특정한 사람이 가격 결정에 영향을 끼칠 수 없고, 시장에서 팔리는 상품이 모두 같으며, 생산자와 소비자 모두 상품에 대한 정보를 완벽하게 알고 있다고 가정하기 때문이다. 그렇지만 이런 시장은 현실에서 찾아보기 힘들고, 연구를 위해 이론상으로 만든 추상적인 모형으로 봐야 한다.

독점적경쟁시장은 공급자가 옷, 음식, 책처럼 서로 다른 상품을 파는 시장이다. 공급자들은 맛, 브랜드, 디자인 등을 통해 상품을 차별화해 내놓기 때문에 공급자들은 어느 정도 독점력을 가진다. 그렇지만 독점적경쟁시장에서도 비교적 효율적으로 자원이 나누어진다. 인기를 끄는 제품이 있으면 유사 제품을 만드는 공급자가 나타나기도 하고, 가격을 지나치게 올리면 소비자들이 대체재를 찾을 수 있어 생산자끼리 경쟁하기 때문이다.

상품이나 서비스를 공급하는 생산자가 적은 시장도 있다. 생산자가 하나면 독점이고 몇몇이면 과점인데, 두 개를 묶어서 독과점시장이라고 부른다. 독과점은 진입 장벽이 높은 시장에서 나타난다. 스마트폰, 자동차처럼 첨단 기술이 필요하거나 통신 서비스, 반도체처럼 엄청나게 큰 규모의 설비를 갖춰야 하는 품목은 아무나 생산에 뛰어들 수 없다. 그래서 소수의 생산자만이 시장을 차지하게 된다. 독과점시장에서는 몇몇 생산자가 시장 전체의 가격과 공급량을 좌우할 수 있다. 이러한 힘을 '시장 지배력'이라고 부른다. 만약 독과점 생산자가 자신의 이윤만 키우는 방향으로 힘을 남용하면, 가격이 올라가고 소비자가 큰 피해를 볼 수 있다. 따라서 많은 나라에서 생산자가 시장을 마음대로 지배할 수 없도록 감시와 견제를 하고 있다.

가격은 어떻게 정해질까

가격이 만들어지기까지

가격은 시장에서 재화나 서비스를 사면서 낸 돈의 가치를 말합니다. 공책 한 권을 사면서 1000원을 냈다면 공책 한 권의 가격은 1000원이고, 열차표를 사면서 1만 원을 냈다면 열차 서비스를 이용하는 가격이 1만 원이에요. 수없이 많은 재화와 서비스의 가격은 누가, 어떻게 정하는 것일까요?

'생산자가격', '도매가격', '소매가격' 등 가격의 종류는 다양한데, 보통 가격이라고 하면 소비자들이 재화나 서비스를 사는 '소비자가격'을 뜻합니다. 생산자가격은 상품이나 서비스를 만들기 위해 들어간 원가에 생산자의 이윤이 더해져서 결정돼요. 소비자가격은 생산자가격에 '유통' 과정이 반영된 것이고요. 유통은 생산자가 만든 상

일반적인 유통 과정

품이 소비자에게 전해지기까지의 모든 과정을 말합니다. 정리하자면 소비자가격은 생산자가격과 유통 과정에서 발생한 비용, 도매상 또는 소매상 같은 유통업자의 이윤이 더해진 가격이지요.

같은 상품이라도 소비자들이 지불하는 가격은 유통 과정에 따라 달라져요. 유통 과정이 단순하면 생산자와 소비자에게 모두 이득이 되는 거래를 할 수 있습니다. 직거래 장터와 온라인 쇼핑몰에서의 거래가 예입니다.

소비자가격을 운동화로 알아볼까요? 원가는 운동화를 생산할 때 들어간 비용입니다. 공장을 짓거나 기계를 사는 데 들어간 시설비, 재료비와 임금, 제품 홍보를 위한 비용 등이 모두 포함된 가격이지요. 원가에 운동화 생산 기업의 이윤이 더해지면 생산자가격이 됩니다.

사람들은 운동화를 공장에서 직접 사지 않고 스포츠 용품점이나 백화점, 온라인 쇼핑몰 같은 유통 업체에서 삽니다. 유통 업체는 운동화의 생산자가격에 유통 비용과 이윤을 더해서 판매가격, 즉 소비자가격을 정해요. 유통 비용이란 운동화를 운반하고 보관하고 판매할 때 들어가는 모든 비용을 말합니다.

그렇다면 운동화 생산 기업에서는 운동화 한 켤레를 도매상인에게 8만 원에 판다고 했을 때, 도매상인은 소매상인에게 8만 4000원에 팔고, 소매상인은 6000원 이윤을 더해 팔아서 소비자가격은 9만 원이 됩니다. 하지만 유통 과정이 단순하다면 비용은 더 절약됩니다. 운동화 생산 기업이 직접 운영하는 온라인 쇼핑몰에서는 같은 운동화를 8만 4000원에 팔 수도 있어요. 생산자와 소비자가 직거래를 할 때는 절약한 비용만큼 가격을 낮출 수 있거든요.

가격은 경제 활동의 신호등

생산이나 소비 중 어느 하나라도 멈추면 상품은 시장에서 사라지게 됩니다. 시장에서 거래가 지속되려면 생산자가 만든 상품을 소비자가 계속 구매해야 하지요. 어떤 재화나 서비스의 거래 여부를 결정하는 것은 바로 '가격'입니다. 말하자면 가격은 생산 활동과 소비 활동을 결정하는 신호등 역할을 하는 것이지요.

생산자는 이윤이 생기지 않으면 생산을 멈춥니다. 예를 들어 볼까요? 한국의 식량 자급률, 즉 우리가 먹는 식량 중 국내에서 생산해서 공급하는 식량의 비율은 점점 낮아졌어요. 1965년에는 90퍼센트를 넘었는데 1985년에는 50퍼센트 밑으로 떨어졌고, 2020년대에는 45퍼센트 정도를 유지하고 있습니다. 다른 나라에서 먹을거리가 수입되면서 가격이 내려가자, 한국에서 밀, 옥수수, 콩 같은 작물을 재배해도 이윤이 생기지 않으니 농민들은 생산을 포기했어요. 가격이 생산 활동의 신호등이 되어 생산을 멈춰버린 것입니다.

가격은 소비 활동을 결정하기도 합니다. 소비자도 상품이 주는 만족감이 지불하는 돈의 가치보다 낮다면 구매하지 않아요. 애플에서 출시한 최초의 스마트폰 '아이폰'의 사례가 대표적입니다. 2007년에 처음 출시된 아이폰의 가격은 통신사와 2년 약정을 할 경우 용량 8기가바이트 기준 599달러였어요. 미국을 제외한 나라에서는 사람들이 찾지 않았습니다. 대중은 아이폰이 기능에 비해 너무 비싸다고 생각했거든요. 그러나 2008년에 나온 아이폰3G는 판매 일주일 만에 100만 대가 넘게 팔렸습니다. '두 배 더 빠른, 절반의 가격Twice as Fast, Half the Price'이라는 아이폰3G의 슬로건처럼, 기능은 좋아졌는데 가격은 구매할 만한 수준(2년 약정 16기가바이트 기준 299달러)까지 떨어졌기 때문입니다.

정부가 가격을 통제한다면

신호등이 고장 나면 운전자와 보행자 모두 서로 눈치를 보며 조심스럽게 움직이게 됩니다. 교통이 정체되고 큰 교통사고가 날 수도 있지요. 가격이 제대로 작동하지 않아도 비슷한 일이 생깁니다. 정부가 경제를 의도한 대로 끌고 가기 위해 가격을 통제하다 보면, 오히려 역효과가 날 수 있어요. 이러한 현상을 잘 보여 주는 나라가 바로 베네수엘라입니다.

베네수엘라는 세계에서 원유 매장량이 가장 많은 나라입니다. 풍부한 자원 덕분에 1980년대 남아메리카에서 1인당 국민소득이 가장 높았던 나라였지요. 그런데 1999년 2월에 취임한 우고 차베스Hugo Rafael Chávez Frías 대통령은 정부가 원유 수출로 번 돈으로 서민주택과 국민차를 제공하고, 무료 보건 의료, 교육 사업 등을 하겠다고 발표했어요. 많은 국민은 지상 낙원을 꿈꾸며 차베스 대통령을 반겼습니다. 2013년 3월에 사망할 때까지 14년간 베네수엘라를 다스렸던 차베스 대통령은 대지주의 농장을 농민에게 나누어 주었고, 씨앗과 비료, 농기계 판매는 물론 석유, 통신, 전기, 철강 및 기타 중요한 산업의 생산을 국영 기업에 맡겼어요. 국민의 기본 생활비도 정부가 부담하려 했습니다. 이후 베네수엘라는 지상 낙원이 아니라 세계에서 가장 위험한 나라가 되었어요. 도대체 무슨 일이 벌어졌던 것일

베네수엘라에선 초인플레이션이 일어나 화폐 가치가 떨어져 화폐가 제 기능을 하지 못하게 됐다.

까요?

정부가 가격을 정하자 베네수엘라에서는 경제의 신호등이 마비됐습니다. 베네수엘라의 휘발유 가격은 세계에서 가장 저렴해서 휘발유 1리터의 가격이 생수 가격의 15분의 1 정도였어요. 베네수엘라 석유 공사는 무조건 정부가 정한 가격으로 석유를 공급했고, 이로 인한 손해는 모두 정부 보조금으로 메웠습니다. 가격이 싸다 보니 낭비가 심해져서 휘발유 소비량은 계속 늘어났어요. 차에 휘발유를 가득 채우고 가격이 높은 이웃 나라로 가서 몰래 파는 사람도 있었습니다. 또 국영기업들은 기술을 개발하여 생산 비용을 낮출 필요를 느끼지 못했어요. 정해진 가격에 상품을 팔면 되니까요.

결과적으로 기업들의 생산성이 떨어지자 생필품을 모두 수입하게 되었습니다. 국제 원유 가격이 높았을 때는 원유를 수출해서 번 돈으로 나라 살림을 그럭저럭 꾸릴 수 있었습니다. 하지만 2015년에 국제 원유 가격이 내려가자 문제가 드러나기 시작했어요. 생활필수품을 수입할 돈이 없어서 슈퍼마켓의 진열대는 텅텅 비었고 국민의 3분의 1이 끼니조차 해결하기 어려운 상태로 살게 되었습니다.

보이지 않는 손은 무엇일까

수요의 법칙, 공급의 법칙

'경제학의 아버지' 애덤 스미스

애덤 스미스Adam Smith는 1776년에 《국부론》을 출간했어요. 시장에서의 경제 활동에는 '보이지 않는 손'이 작용해 경제적 조화가 이루어진다는 내용이 담겨 있지요. 상품의 가격과 팔리는 양이 자연스럽게 조절되는 현상을 이렇게 표현한 것입니다. 그렇다면

'수요'와 '공급'은 무엇일까요?

수요는 돈을 주고 재화나 서비스를 사는 것입니다. 특정한 가격에 소비자가 사고자 하는 양을 '수요량'이라고 해요. 보통 가격이 올라가면 소비자가 상품을 덜 사게 되니까 수요량은 줄어들고, 가격이 내려가면 더 사게 되니까 수요량은 늘어나요. 이를 '수요의 법칙'이라고 합니다.

소비자는 배 한 개가 4000원이면 200개를 사고, 2000원이면 600개를 사고, 1000원이면 1000개를 산다고 합시다. 이를 그래프로 그려 보면 갈수록 오른쪽으로 내려가는 모양이 되죠? 가격과 수요량의 관계를 나타낸 이런 그래프를 '수요 곡선'이라고 합니다.

공급은 돈을 받고 재화나 서비스를 파는 것이고, 특정한 가격에 공급자가 파는 양을 '공급량'이라고 합니다. 보통 가격이 올라가면

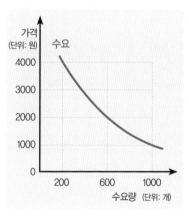

수요 곡선

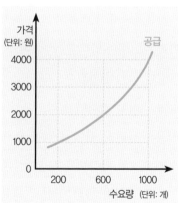

공급 곡선

공급량이 늘어나고, 가격이 내려가면 공급량은 줄어들어요. 이를 '공급의 법칙'이라고 합니다.

과일 가게 주인이 배 한 개가 1000원이면 200개를 팔고, 2000원이면 600개를 팔고, 4000원이면 1000개를 판다고 합시다. 이를 그래프로 그려 보면 오른쪽으로 갈수록 올라가는 모양이 됩니다. 가격과 공급량의 관계를 나타낸 그래프는 '공급 곡선'이라고 해요.

수요와 공급의 만남

소비자는 가격이 저렴할수록 많이 사려고 하고, 반대로 공급자는 가격이 비쌀수록 많이 팔려고 해요. 그렇다면 시장에서는 어떻게 균형을 찾을 수 있을까요? 수요 곡선과 공급 곡선을 겹쳐서 살펴봅시다.

그래프에서 소비자와 공급자가 사고팔려는 배의 양이 같아지는 가격은 2000원입니다. 만약 배가 2000원보다 비싸면 공급량보다 수요량이 적어서 가격이 내려가고, 2000원보다 싸면 수요량보다 공급량이 적어서 가격이 올라가요. 수요량과 공급량이 같아지는 지점의 가격과 달라도 결국 가격이 오르내리다가 수요량과 공급량이 같아지는 지점의 가격으로 시장에서의 가격이 정해지게 됩니다.

수요 곡선과 공급 곡선을 겹쳤을 때 서로 만나는 지점의 가격을 '시장가격'이라 하고, 이 가격에서의 거래량을 '균형 거래량'이라고

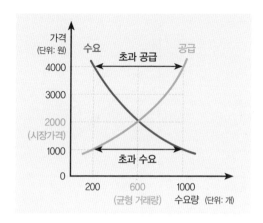

가격
(단위: 원)

수요   공급

초과 공급

4000

3000

2000
(시장가격)

1000

초과 수요

0

200   600   1000
(균형 거래량)   수요량 (단위: 개)

수요 곡선과 공급 곡선이
만나는 점에서 시장가격과
균형 거래량이 정해진다.

합니다. 수요 곡선과 공급 곡선이 만나는 점에서 시장가격과 균형 거래량이 정해지는 현상, 즉 어떤 상품의 수요량 및 공급량과 시장가격의 관계를 나타내는 법칙을 '수요·공급의 법칙'이라고 하고요.

수요와 공급은 가격을 바꾼다

수요 곡선은 수요량 전체를 잇는 선입니다. 실제로 돈을 내고 상품을 구매하는 수요량은 가격이 바뀔 때마다 달라져요. 가격이 올라가서 수요량이 적어지거나 가격이 내려서 수요량이 많아지는 경우처럼, 수요 곡선 안에서 움직임이 생긴 것을 '수요량의 변화'라고 합니다.

그런데 가격이 아닌 다른 이유로 상품이 더 팔리거나 덜 팔리기도 해요. 더운 여름에 아이스크림이 더 많이 팔리는 것은 날씨가 더워진

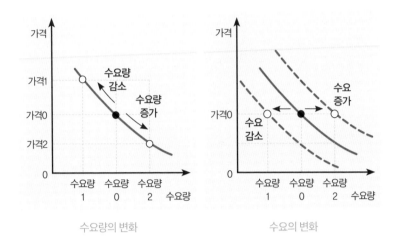

수요량의 변화 　　　　　　　수요의 변화

탓이잖아요. 이처럼 가격 변동을 제외한 다른 요인으로 인해 수요 곡선이 이동하는 것을 '수요의 변화'라고 합니다.

　수요가 증가하면 수요 곡선은 오른쪽으로 이동해요. 그래서 가격이 변하지 않아도 수요량은 증가합니다. 반대로 수요가 감소하면 수요 곡선은 왼쪽으로 이동하고, 같은 가격에서의 수요량은 줄어들어요. 수요는 소득, 취향의 변화, 사람들의 기대나 예상, 전체 소비자 수 등의 영향을 받아요. 예를 들어 소비자의 취향이 변했거나 더는 원하지 않아서 탕후루를 찾지 않는다면, 자연스럽게 수요는 줄어들 것입니다. 이런 변화로 수요가 줄면 수요 곡선은 왼쪽으로 이동하게 되죠. 그렇다면 수요의 증가와 감소는 균형가격과 균형 거래량에 어떤 영향을 미칠까요?

　공급 곡선에는 변화가 없고, 수요가 증가하면 시장가격이 올라가

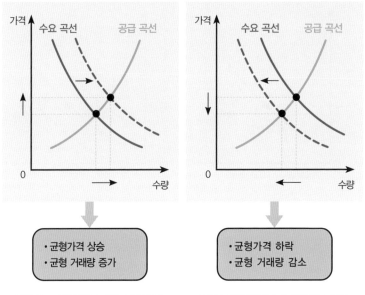

| • 균형가격 상승 | • 균형가격 하락 |
| • 균형 거래량 증가 | • 균형 거래량 감소 |

공급은 그대로이고 수요가 증가하면, 수요 곡선은 오른쪽으로 이동한다.

공급은 그대로이고 수요가 감소하면, 수요 곡선은 왼쪽으로 이동한다.

고 균형 거래량은 늘어납니다. 반대로 수요가 감소하면 시장가격은 내려가고 균형 거래량이 줄어들어요. 이처럼 수요가 증가하거나 감소하면 균형가격과 균형 거래량은 변하게 됩니다. 그래서 예로 들었던 탕후루의 수요가 감소하게 되면, 시장에서 팔리는 가격도 떨어지고 판매량도 줄어들게 돼요.

이번에는 공급과 공급량의 변화를 알아볼까요? 공급은 모든 가격대에서 제공되는 수량이고, 공급량은 특정 가격대에서 실제로 제공되는 수량입니다. 그러니까 공급량 전체를 잇는 선이 공급 곡선이지요. 공급량의 변화는 상품 가격에 따라 공급자가 판매하려는 수량이

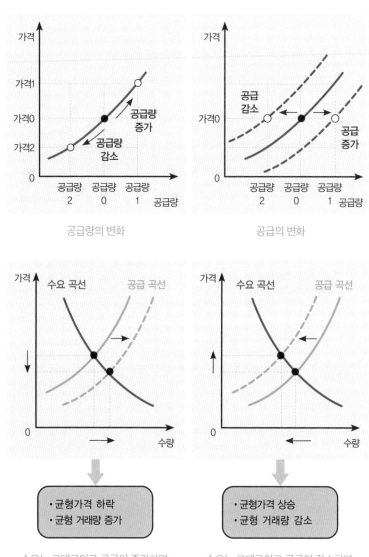

공급량의 변화

공급의 변화

• 균형가격 하락
• 균형 거래량 증가

• 균형가격 상승
• 균형 거래량 감소

수요는 그대로이고 공급이 증가하면,
공급 곡선이 오른쪽으로 이동한다.

수요는 그대로이고 공급이 감소하면,
공급 곡선은 왼쪽으로 이동한다.

달라져서, 공급 곡선 안에서 움직임이 생기는 것입니다.

가격을 제외한 다른 요인으로 공급이 달라지면서 공급 곡선 자체가 이동하는 것은 '공급의 변화'라고 해요. 공급에 영향을 주는 요인은 생산 비용, 생산 기술, 전체 공급자 수 등이 있습니다.

공급에 변화가 생기면 공급 곡선이 이동합니다. 공급이 증가해서 공급 곡선이 오른쪽으로 이동하면 같은 가격에서의 공급량은 늘어나고, 반대로 공급이 감소해서 공급 곡선이 왼쪽으로 이동하면 같은 가격에서의 공급량은 줄어들어요. 예를 들어 해외에서 운동화를 수입하는 기업들이 생기면 운동화 공급이 증가해 공급 곡선은 오른쪽으로 이동합니다. 같은 가격에서의 운동화 공급량도 늘어나죠.

수요가 변하면 시장가격과 균형 거래량이 달라지는 것처럼 공급이 변하면 시장가격과 균형 거래량이 달라집니다. 수요는 그대로인데 공급이 증가하면 시장가격은 내려가고 균형 거래량은 늘어납니다. 반대로 공급이 감소하면 시장가격은 올라가고 균형 거래량은 줄어들지요. 그래서 해외에서 운동화가 수입되면서 공급이 늘어나면, 시장에서 판매되는 운동화 가격이 떨어지고 판매량은 늘어나게 되는 거예요.

오일 쇼크는 무엇일까

중동 전쟁의 나비효과

한국은 원유를 전량 수입하지만, 원유 소비량은 2022년 기준 세계 8위일 정도로 많습니다. 그래서 국제 원유 가격이 오르면 경제 상황이 어려워져요. 한국이 아닌 다른 나라들도 산유국들이 원유 생산과 공급을 줄인다고 하면 긴장합니다. 왜냐하면 1970년대에 원유 생산과 공급이 줄어 세계 경제가 심한 타격을 입었거든요. 이것을 '오일 쇼크'라고 부릅니다. 그렇다면 오일 쇼크는 왜 발생했을까요?

유대인은 고대 이스라엘 왕국이 멸망한 이후 약 2000년간 흩어져 살았습니다. 그러다가 1948년 옛 가나안 땅이었던 팔레스타인에 이스라엘이라는 독립 국가를 세웠어요. 이들은 조상의 땅으로 돌아온 것이지만 팔레스타인에 사는 아랍인의 입장에서는 땅을 빼앗긴 셈이

이집트와 시리아가 주축인 아랍 연합군과 이스라엘이 치른 욤키푸르 전쟁

었습니다. 그래서 1973년 10월 유대인의 전통 행사 기간에 아랍 연합군은 자신들의 땅을 되찾으려고 이스라엘을 침공했습니다.

그런데 이스라엘이 미국의 도움으로 침공을 물리치자 엉뚱한 데로 불똥이 튀어버렸어요. 중동 산유국들이 미국의 중동 정책에 항의한다면서 원유 가격을 인상하고 원유 생산량을 매달 줄인 것입니다. 배럴당 3달러 정도였던 원유 가격이 무려 4배나 올랐지요.

원유 가격이 오르자 휘발유나 경유 가격은 물론이고 원유가 원료인 석유 화학 제품의 가격도 올랐습니다. 상품의 가격이 올라서 소비가 많이 줄어들어서, 생산이 줄고 경제는 나빠졌습니다. 미국의 경우 물가상승률이 약 10퍼센트까지 치솟았고 실업률은 두 배로 높아

오일 쇼크 당시 많은 주유소가 문을 닫는 등
오일 쇼크는 세계 경제에 큰 영향을 끼쳤다.

졌어요. 이를 '1차 오일 쇼크'라고 합니다.

1979년에는 '2차 오일 쇼크'가 터졌습니다. 1978년 12월 당시 세계 2위 원유 수출국이었던 이란에서는 이란 혁명으로 종교 지도자가 최고 권위를 가지게 되었습니다. 유전 노동자들은 당시 이란 혁명으로 파업을 하던 터라 하루 600만 배럴에 달했던 원유 생산량을 200만 배럴까지 축소했죠. 뒤이어 1980년에는 이란과 이라크 사이에 전쟁도 벌어졌습니다. 그러자 원유 가격이 치솟았어요. 특히 한국은 2차 오일 쇼크의 직격탄을 맞아 1980년에는 경제성장률이 마이너스가 되었습니다.

산유국들은 자신들의 막강한 힘을 잘 알고 있습니다. 원유 생산을 줄이면 세계 경제가 힘들어진다는 사실을요. 그래서 1960년 사우디아라비아, 이란, 이라크 등 중동 지역의 산유국을 중심으로 석유 수출국기구인 '오펙OPEC'이 결성됩니다. 2016년에는 세계 3대 산유국인 러시아 등 다른 지역 산유국들까지 합세해 '오펙플러스OPEC+'로 이름을 바꾸며 규모를 키웁니다. 세계 원유 생산량의 40퍼센트가량을 차지하는 오펙플러스 회원국들은 주기적으로 모여 원유 생산량을 정해요. 이들이 원유 생산량을 줄이겠다고 위협하면, 다른 나라는 눈치를 볼 수밖에 없지요. 원유를 경제를 위협하는 무기처럼 사용하는 셈입니다.

비싸도 포기할 수 없는 원유

주요 산유국들이 생산을 조금만 줄여도 유가가 오르는 이유는 원유 수요의 '가격 탄력성'이 아주 낮기 때문입니다. 수요의 가격 탄력성은 상품의 가격이 변할 때 수요량이 얼마나 민감하게 변하는지 알려주는 지표입니다. 가격이 변했을 때 수요량이 크게 변한다면 탄력성이 높은 것이고, 변화가 작다면 가격 탄력성은 낮은 거예요.

만약 100만 원인 스마트폰 가격이 갑자기 120만 원으로 오르면, 많은 소비자가 부담스러워서 사지 않을 거예요. 원래 쓰던 스마트폰을 계속 사용하더라도 크게 불편하진 않을 테니까요. 반대로 최신형 스마트폰을 갑자기 반값에 팔면 덜컥 충동구매를 하는 소비자도 생길 것입니다. 이처럼 스마트폰은 수요의 가격 탄력성이 높은 상품이에요. 수요량이 가격의 변화에 무척 민감하게 반응하니까요.

스마트폰과 달리 가격이 변해도 수요량은 크게 변하지 않는 상품이 있어요. 쌀이나 밀 같은 곡물은 가격이 오른다고 해서 소비를 줄이기 어렵습니다. 곡물값이 비싸다고 밥을 안 먹을 수는 없잖아요. 곡물값이 저렴하다고 끼니를 늘리지도 않고요. 그래서 곡물 같은 품목은 수요의 가격 탄력성이 아주 낮다고 합니다.

원유는 가격 탄력성이 아주 낮다고 할 수 있습니다. 가격이 올라도 자동차를 운전해야 하고, 보일러를 켜려면 무조건 사야 하죠. 그

원유는 에너지원이자 다양한 제품의 원재료이다. 플라스틱, 나일론, 합성고무 같은 소재를 만들 때 사용된다.

래서 공급이 줄어 가격이 폭등해도 원유를 꼼짝없이 구매해야 하니 오일 쇼크가 발생했던 것입니다.

두 차례 오일 쇼크로 혼란을 겪은 많은 나라는 새로운 에너지 자원을 개발하는 데 힘을 쏟았습니다. 그 결과 2000년대 미국이 지하 셰일층에 있는 천연가스와 석유 시추에 성공하면서 새로운 산유국으로 떠올랐어요. 풍력, 태양광 등 대체 에너지 개발도 늘었지만, 여전히 세계 에너지 시장에서 오펙플러스의 영향력은 막강합니다.

대체재와 보완재

대체재는 닭고기와 돼지고기, 설탕과 올리고당처럼 서로 대신 쓸 수 있는 재화를 말한다. 닭고기 가격이 많이 올랐는데, 돼지고기 가격은 그대로라면 닭고기 대신 돼지고기를 사게 된다. 이처럼 대체재가 있는 재화는 수요의 가격 탄력성이 높다. 그래서 한 재화의 가격이 올라가면 그 재화의 수요는 감소하고 다른 재화의 수요가 증가한다.

보완재는 커피와 설탕, 책상과 의자, 자동차와 휘발유처럼 두 가지 이상의 재화가 함께 사용되어야 더 큰 만족을 주거나 쓰임이 있는 재화이다. 자동차 소비가 늘어나면 휘발유 소비도 늘어나는 것처럼 보완재는 한 재화의 수요가 증가하면 다른 재화의 수요도 함께 증가한다.

왜 광고만 보면
물건을 사고 싶을까

상품 광고의 시작

'광고'란 기업이나 단체, 개인이 상품, 서비스 등을 세상에 알리기 위한 활동입니다. 산업혁명으로 대량 생산이 가능해지면서 팔아야 할 상품이 많아졌어요. 판매량을 늘리려면 우선 상품을 알려야 했는데, 광고가 이런 역할을 합니다. 그렇다고 광고가 산업혁명 이후에 등장한 것은 아닙니다. 광고는 훨씬 전부터 있었으니까요.

1799년 나폴레옹 원정대는 나일강 하구에 위치한 로제타 마을에서 고대 이집트 유물인 '로제타석'을 발견했어요. 비석에 새겨진 상형 문자를 해석했더니, 기원전 196년 이집트 왕 프톨레마이오스 5세의 업적을 전하기 위해 세워졌다는 사실이 밝혀졌습니다. 내용이야 어쨌든 무언가 알리기 위해 만들어졌다는 사실이 증명되어서 로제

세계 최초의 광고물인
로제타석의 탁본

타석은 세계 최초의 광고물로 인정받게 되었어요.

광고는 중세 유럽의 간판에서 시작되었다고 합니다. 글씨를 모르는 사람들을 위해 가게에서 파는 상품을 알리기 위해 신발이나 물고기 등을 간판에 그렸다고 해요. 비슷한 시기 중국에서도 광고를 위한 간판이 생겨났고요.

새로운 미디어가 등장할 때마다 새로운 광고 수단이 생겼습니다. 금속활자의 발명으로 인쇄술이 발달하자, 1600년대부터 유럽을 중심으로 신문과 잡지 발행이 폭발적으로 늘었어요. 그러자 서적, 의약품 등을 판매하려는 인쇄 광고가 등장했지요. 1920년, 미국에서 라디오 방송이 시작되면서 라디오 광고가 생겼고, 제2차 세계대전 후 미국에서 텔레비전 방송이 시작되자 텔레비전 광고가 등장했습니다.

미국의 경제학자 조지프 슘페터Joseph Alois Schumpeter는 "좋은 비누를 생산하는 것만으로 충분치 않고 소비자에게 몸을 씻어야 할 필요성을 알리는 것이 중요하다"라고 했습니다. 아무리 좋은 제품이라도 소비자가 원하지 않으면 팔리지 않으니까요. 그래서 기업은 상품의 종류, 상표, 가격, 용도와 사용법 등 상품 자체를 알리는 광고를 합니다. 이런 광고를 '상품 광고'라고 하는데, 1900년대 전반까지 대부분의 광고는 상품 광고였어요.

상품이 아니라 기업을 홍보하는 광고를 '기업 광고'라고 합니다. 1920년대 후반 미국 기업들은 엄청난 이익을 얻었지만 노동자의 임금 수준이 좋아지진 않았어요. 언론사들이 이런 사실을 비판하자 기업들은 이를 해명하는 광고를 내면서 기업 광고가 시작되었습니다. 최근에는 불리한 내용에 대한 해명에서 더 나아가 적극적으로 기업의 역사와 가치관, 사회 공헌 활동 등을 알려서 기업에 대한 신뢰감을 높이고, 좋은 이미지를 심으려고 기업 광고를 해요.

조지프 슘페터

옷을 갈아입은 산타클로스

광고의 힘은 엄청납니다. 소비자에게 상품을 알리면서 구매하게끔 하는 것이 광고의 목표거든요. 같은 광고를 여러 번 보면 사고 싶다는 생각이 들지 않나요? 간혹 날씨를 검색할 때 나오는 운동화 광고를 계속 봤더니 문득 새 운동화를 사고 싶어지는 것처럼, 광고는 소비자를 유혹하는 힘을 가지고 있습니다. 광고의 힘이 막강하다 보니 광고를 보고 필요하지 않은 물건이나 분에 넘치게 비싼 물건을 산다면 후회하곤 하지요.

광고의 힘은 코카콜라 광고의 사례로도 충분히 알 수 있습니다. 빨간 옷을 입은 산타클로스의 이미지는 1931년부터 시작되었던 코카콜라 광고로 만들어졌어요. 1930년대 이전까지 산타클로스는 마른 체격에 짙은 초록색 코트를 입은 모습으로 그려지기도 했거든요. 코카콜라 회사는 여름에만 팔리는 콜라를 겨울에도 마시게 하려고 콜라를 마시는 산타클로스 광고를 만들었어요. 이 광고 이후 산

뭐야!
지금까지 내가 알던 산타클로스가
광고에서 나온 모습이었다니.

타클로스는 항상 빨간색 옷을 입게 되었고, 사람들은
계절에 상관없이 코카콜라를 마시게 되었습니다. 덕
분에 코카콜라는 2000년대까지 세계 최고의 브랜
드 가치를 가진 기업이 되었지요.

코카콜라

보통 같은 광고를 세 번 이상 보아야 광고 효과
가 나타난다고 합니다. 광고를 딱 한 번만 본 사람
들이 제품의 특성을 알고, 브랜드를 기억해서 구매
하진 않는다는 것이죠. 그래서 품질이 좋은 상품보
다 광고를 많이 하는 상품이 더 팔리는 부정적인 효
과를 낳기도 합니다.

물론 광고의 긍정적인 효과도 있어요. 상품 정보를 알 수 있어 물
건을 살 때 시간을 절약할 수 있습니다. 소비자는 광고를 보고 제품
의 정보를 얻는 경우가 많거든요. 만약 광고가 사라져 정보를 얻지
못하면, 물건을 살 때마다 일일이 제품을 살피고 비교해야 해서 물
건을 고르기 힘들 거예요.

그리고 물건 가격이 오를 수도 있습니다. 생산 비용에는 광고비가
포함되어 있으니까 광고가 사라지면 생산 비용이 낮아져 가격이 저
렴해질 것 같나요? 잠시 그럴 수는 있어도 시간이 지나면서 오히려
비싸져요. 많은 사람에게 제품이 알려져 대량 생산과 대량 판매가 이
루어지면, 생산량이 많아짐에 따라 평균 생산 비용이 감소한다는 '규
모의 경제 효과'로 제품 한 개를 생산하는 데 들어가는 비용은 낮아

집니다. 광고가 사라져서 이런 효과를 낼 수 없다면, 오히려 가격이 오를 수 있어요. 그러니까 광고의 긍정적인 효과는 누리고 부정적인 효과는 피할 줄 아는 현명한 소비자가 되는 것이 가장 좋겠죠?

자유시장은 만능열쇠일까

영국의 경제학자 애덤 스미스는 시장 참여자들이 자유롭게 이익을 찾다 보면 누가 개입하지 않아도 가격이 움직이며 자원이 효율적으로 배분될 것이라고 생각했어요. '보이지 않는 손'이 시장의 균형을 맞춘다는 애덤 스미스의 생각은 고전학파로 이어져 수많은 후대 학자에게 영향을 주었습니다. 하지만 현실에서는 이론과 달리 수많은 변수가 시장과 자원 배분에 영향을 미칩니다. 애덤 스미스의 생각처럼 자유로운 시장이 항상 효율적으로 움직이지는 않아요. 왜 이런 일이 생길까요?

우선 모든 시장에서 자유로운 경쟁이 벌어지지는 않습니다. 생산자가 소수에 불과한 독과점시장도 있기 때문입니다. 독과점시장에서는 시장 지배력이 있는 생산자들이 서로 짜고 불공정 경쟁을 벌일 수도 있어요. 보이지 않는 손이 제대로 작동하지 않으면 가격이 오르고 소비자가 피해를 볼 수 있습니다.

그리고 '공공재'의 공급이 제대로 이뤄지지 않을 수도 있습니다.

공공재는 국방, 치안, 소방, 공원, 도로 같은 재화를 뜻해요. 모든 사람이 동시에 혜택을 누릴 수 있고 비용을 내지 않은 사람도 사용할 수 있습니다. 이런 재화는 개인이 책임을 지지 않아서 시장에 맡기면 아무도 비용을 부담하려고 하지 않아요. 누군가 대신 나서서 값을 치러주길 바라는 '무임승차'가 발생합니다. 그래서 공공재는 정부가 나서서 값을 치르고 공급을 해야 합니다. 이처럼 보이지 않는 손이 만능은 아니다 보니, 정부는 시장의 비효율을 바로 잡기 위한 역할을 합니다. 정부의 개입을 '보이는 손'이라고 부르기도 해요.

그런데 꼭 풀고 싶은 오해가 있어요. 사실 애덤 스미스는 보이지 않는 손이 만능이라고 주장하지는 않았습니다. 부자를 위한 경제학자도 아니에요. 16세기에서 18세기까지 유럽에 퍼져 있던 경제사상

애덤 스미스가 살던 시대에는
소수의 상공업자가 정부와 힘을 합쳐
시장을 움직였대.
스미스는 소수가 시장을 통제하지 않고
국민이 자유롭게 경제 활동을
하기를 바랐던 거야.

인 중상주의*를 비판하기 위해 자유를 강조한 것입니다. 당시 강력한 왕권을 휘두르던 유럽의 왕들은 왕실에 충성하는 소수 집단에 독점권, 보조금 같은 특혜를 주었습니다. 특혜를 받은 집단은 상공업으로 큰돈을 버는 대신 왕실에 막대한 세금을 냈지요. 이들은 특권을 지키려고 기술이 새어 나가지 않도록 숨기는 데 급급했어요. 이로 인해 기술 혁신이 더뎌 국민의 삶에 꼭 필요한 재화와 서비스를 충분히 생산하지 못했습니다. 그래서 애덤 스미스는 국가나 특권 집단이 아닌 국민의 자유로운 의지로 자원을 배분해야 한다고 역설한 것이에요.

 중상주의

국가의 보호로 무역을 추진해 나라를 부강하게 하려는 경제 사상이다. 국가주의적 요소를 가지고 있으며 무역에서의 자유주의와는 반대된다.

3장

화폐와
경제

화폐는 어떻게 만들어졌을까

거래를 더 쉽고, 간편하게

물물교환은 조상들의 생활을 편하게 만들었지만, 무거운 물건을 들고 다녀야 한다는 단점도 있었어요. 이런 불편함을 덜기 위해 신석기시대부터 물건을 들고 다니는 대신 '물품 화폐'를 사용하게 되었습니다. 조개껍데기가 물품 화폐인 지역에 살던 사람이 항아리를 바구니로 바꾸고 싶다면 항아리를 팔고 받은 조개껍데기로 바구니를 사는 것이죠. 물품 화폐의 종류는 지역마다 달랐지만, 보통 조개껍데기나 소금, 곡물, 가축 등 생활하는 데 아주 요긴한 물건이었습니다. 삼국 시대에 우리 조상들이 주로 사용했던 물품 화폐는 쌀, 삼베와 철이었죠.

세월이 흐르면서 물품보다는 보관하기 쉽고 모양이 잘 변하지 않

이탈리아의 리라

영국의 파운드

멕시코의 페소

는 금, 은, 청동, 구리 등 금속을 교환할 때 사용하게 되었습니다. 처음에는 사용할 때마다 금속의 가치를 알 수 있도록 무게를 달았어요. 나중에는 아예 금속 조각에 가치와 무게를 표시하게 되었고요.

금속의 무게를 재었던 역사는 여러 나라의 화폐 단위로 알 수 있어요. 화폐 단위를 정할 때 무게를 뜻하는 말이 많이 사용되었거든요. 유로로 화폐를 통일하기 전에 사용되던 이탈리아의 '리라lira'는 고대 로마의 무게 단위였던 '리브라Libra', 영국의 파운드 역시 고대 로마의 무게 단위였던 '폰두스Pondus'에서 나온 말입니다. 필리핀과 멕시코를 비롯한 동남아시아와 남아메리카 여러 나라의 화폐 단위인 '페소Peso'는 스페인어로 무게라는 뜻이고요. 옛 우리 조상들이 돈을 셀 때 사용했던 '냥'도 무게의 단위입니다.

세계 최초의 동전

'돈은 한국은행에서 만든다'라고 할 때의 '돈'은 '화폐'를 말하고, '물건을 사려면 돈이 필요하다'라고 하면 값을 치르는 '지불 수단'을 뜻합니다. 값을 치를 때는 화폐뿐만 아니라 상품권, 신용카드, 직불카드, 스마트 머니 등 다양한 지불 수단을 사용할 수 있으니까요. '일을 하고 돈을 번다'에서는 '소득'을 뜻하고, '우리 할아버지는 돈이 많다'라고 하면 '재산'을 뜻해요.

돈은 좁은 의미로 보면 화폐입니다. 화폐에는 지폐와 주화(동전)이 있는데, 주화가 먼저 사용되었어요. 약 2600년 전, 현재의 튀르키예 지역에는 리디아 왕국이 있었습니다. 리디아 왕국의 크로이소스 Croesus 왕은 다양한 크기의 금속 조각에 무게를 새기는 것보다는 금

세계 최초의 주화, 크로세이드

한반도 최초의 주화 건원중보의 앞면(왼쪽)과 뒷면

속을 녹여서 일정한 모양으로 만들어서 금속의 가치를 나타내면 더 좋겠다고 판단했습니다. 그래서 '호박금'이라는 금속을 동글납작한 모양으로 만들어서 앞쪽에는 왕을 상징하는 사자, 뒤쪽에는 무게와 가치를 새겨 이를 증명하는 도장을 찍었어요. 그리하여 세계 최초의 주화, '크로세이드Croseid'가 만들어졌습니다.

크로세이드는 가지고 다니기도 편했지만, 무엇보다 믿고 쓸 수 있어서 많은 사람이 사용했다고 합니다. 다른 나라에서도 리디아 왕국을 따라 주화를 만들었지요. 나라마다 모양과 새긴 그림은 달랐지만, 한 나라 안에서 같은 돈을 사용하자 물건을 사고파는 거래가 쉬워져서 상업이 눈에 띄게 발달하게 되었습니다.

　한반도에서 사용되었던 최초의 화폐는 고려 성종 15년(996년)에 만들었던 '건원중보乾元重寶'입니다. 당나라 화폐인 건원중보를 본떠서 만들었기 때문에 구별이 되도록 앞면에는 건원중보, 뒷면에는 우리나라를 뜻하는 '동국東國'이라는 글자를 새겼어요. 건원중보가 발행되었지만 쌀을 비롯한 물품 화폐도 함께 교환할 때 사용되었습니다.

화폐의 기능

화폐는 세 가지 중요한 기능이 있다. 바로 '가치 척도의 기능', '가치 저장의 기능', '지불 수단의 기능'이다.

　가치 척도의 기능이란 화폐가 재화와 서비스의 가치를 알 수 있는 기준이 된다는 뜻이다. 한 캔에 1000원짜리 생수와 2000원짜리 탄산음료가 있다면, 탄산음료의 가치가 생수보다 2배 크다는 것을 나타낸다.

　가치 저장의 기능은 화폐를 가지고 있으면 가진 금액만큼 언제든지 물건을 살 수 있다는 것을 말한다. 1000원 지폐에 적힌 1000원이라는 액면 가치는 변함없이 1000원이고, 시간에 따라 가치가 하락하거나 사라지는 일은 발생하지 않는다.

　지불 수단의 기능이란 재화와 서비스의 대가를 지불할 때 사용할 수 있다는 것을 뜻한다. 1000원짜리 생수를 사려고 할 때 가지고 있는 1000원을 생수의 대가로 사용할 수 있다는 것이다.

종이로 만든 돈

화폐의 생명은 믿음입니다. 금속으로 만든 주화는 그 자체로 가치가 있지만, 지폐는 믿음이 없다면 종잇조각에 불과합니다. 사람들은 언제부터 지폐를 믿고 사용했을까요? 지금은 주화보다 지폐를 훨씬 많이 사용하지만, 지폐의 역사는 주화에 비해 아주 짧습니다. 처음 지폐가 등장했을 때는 사람들이 종이인 지폐의 가치를 믿을 수 없어서 지불 수단으로 사용하지 않았다고 해요.

세계 최초의 지폐는 10세기 말 송나라 상인들이 발행했던 '교자交子'입니다. 모든 사람에게 믿음을 주진 못해서, 11세기 이후 송나라 정부가 직접 교자를 발행했음에도 지불 수단으로 완전히 정착하진 못했어요. 원나라에서 발행했던 '교초交鈔'는 정부의 적극적인 지폐 사용 정책 덕분에 지불 수단으로 자리 잡을 수 있었습니다. 원나라의 지폐 사용은 베네치아 상인 마르코 폴로Marco Polo의 여행 이야기를 담은《동방견문록》을 통해 유럽에도 알려졌지요. 그러나 14세기에 교초는 발행량이 지나치게 늘어 가치가 떨어지자 믿음이 사라졌고 결국 폐지됩니다.

은행이 발행한 지폐인 '은행권Banknotes'의 역사는 17세기에 시작되었습니다. 은행권은 1661년 스웨덴의 스톡홀름은행Stockholms Banco이 처음 발행했어요. 이 은행권도 많이 발행해서 신용에 문제가 생겼고,

교자는 세계 최초의 지폐야. 당시 송나라는 구리가 부족하고 철이 많아 '철전鐵錢'이라는 주화를 발행했다고 해. 하지만 철전은 구리 동전에 비해 무거웠고 가치도 10배나 낮아서 철전을 맡긴 증서로 교자를 발행했어.

송나라의 교자

결국 스톡홀름은행은 문을 닫게 되었습니다. 경영권은 스웨덴 국회가 지배하는 스웨덴 왕립 재정은행으로 넘어갔고요. 이 은행은 1866년에 스웨덴 은행으로 이름이 바뀌었고, 1897년부터 스웨덴 중앙은행의 역할을 하게 되었습니다.

스톡홀름은행의 은행권

금본위제는 금을 가치 척도의 기준으로 삼아 화폐 가치를 일정한 양의 금에 고정하는 제도입니다. 직접 금으로 주화를 만들 수도 있지만, 보통 은행이 보유한 금의 가치에 따라 발행된 화폐를 지불 수단으로 삼아요. 지폐는 금본위제를 통해 사람들에게 확실한 믿음을 주었습니다. 제1차 세계대전이 일어나기 전까지 많은 나라에서는 화폐의 가치를 지키려고 금본위제를 채택했죠. 금이 가치의 기준이었기에 은행에 화폐를 가져가면 언제든지 가치에 맞는 금으로 바꿀 수 있었어요. 이렇게 화폐를 금으로 바꾸는 것을 '금 태환'이라고 합니다.

왜 중앙은행에서
화폐를 발행할까

화폐 발행권을 차지하려는 싸움

17세기 런던에는 '골드스미스Goldsmith'라는 금 세공업에 종사하는 사람들이 있었는데, 금화와 귀금속을 보관해 주는 일도 했어요. 그들은 사람들이 금화나 귀금속을 맡기면 보관증인 '골드스미스 노트Goldsmith's Note'를 발행해 주었습니다. 이를 가져가면 언제든지 맡겨 둔 금화나 귀금속을 돌려받을 수 있었지요. 처음에는 거래를 할 때마다 노트로 금화를 바꾸어서 금화를 주고받았지만, 시간이 지나자 금화로 바꾸지 않고 바로 노트로 값을 치르게 되었습니다. 언제든지 금화로 바꿀 수 있는 노트를 금화와 똑같이 생각했던 것입니다.

골드스미스 노트가 지불 수단으로 자리 잡게 되자 사람들은 돈을 빌리듯 이자를 주고 이를 빌렸습니다. 골드스미스들은 사람들이 시간이 지나도 노트를 금화로 바꾸지 않는다는 것을 알게 되었어요. 군이 금화나 귀금속을 찾지 않아도 노트로 바로 거래할 수 있었으니까요. 그리고 노트를 금화나 귀금속으로 교환하는 사람들이 한꺼번에 몰려오지 않는다는 점도 알게 되었습니다. 사람마다 금화나 귀금속을 찾아야 할 이유와 시기는 다르니까요.

그래서 골드스미스들은 실제로 맡은 금화나 귀금속보다 더 많이 노트를 만들어서 이자를 받고 빌려주었습니다. 돈벌이에 신이 난 이들은 본업인 금세공보다 노트를 만들고 빌려주는 데 집중했죠. 나중에는 아예 은행을 만들고, 은행권을 발행해서 이를 빌려주었습니다. 재미를 느낀 이러한 은행들이 욕심을 부려 슬금슬금 이자를 높이자 사람들의 불만이 높아졌어요. 이런 불만은 영국의 신흥 귀족들이 금융시장에 진출하는 빌미가 되었습니다. 1688년 명예혁명°을 성공시키며 세력을 키웠던 신흥 귀족들은 돈벌이가 되는 금융시장에 눈독을 들이다가 1694년 잉글랜드은행을 설립했어요. 프랑스와의 전쟁으로 빈털터리가 된 국왕 윌리엄 3세에게 화폐를 발행해서 전쟁 비용을 빌려준다고 하면서 은행 설립 허가를 받았던 것입니다.

🛒 명예혁명

영국 왕권과 의회의 갈등으로 발생한 혁명이다. 명예혁명은 시민사회로 나아가는 발판이 되었으며, 산업혁명에 영향을 주었다.

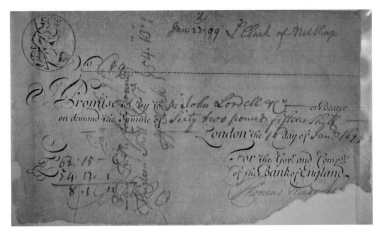

1699년에 발행된 초기 영국은행 지폐

　시간이 지나 신흥 귀족들은 다른 은행들이 화폐를 발행하는 것에 불만을 가졌어요. 호시탐탐 기회를 노리다가 1844년 잉글랜드와 웨일스 지역에서는 잉글랜드은행만 화폐를 발행할 수 있는 법을 만들었습니다. 이전까지 각자 은행권을 발행하던 다른 은행들은 발권 권한을 잃었죠. 이는 다른 나라에서도 중앙은행만이 화폐를 발행하거나 화폐 발행을 관리·감독하는 제도가 자리 잡는 계기가 되었어요. 이후 1946년 잉글랜드은행은 소유권이 정부로 넘어가 국가기관이 되었습니다.

한국의 중앙은행

중앙은행의 가장 큰 역할은 국가의 화폐 제도를 관리하는 것이지만 다른 은행처럼 예금과 대출 업무도 합니다. 그러나 일반 기업이나 개인과는 거래하지 않고 은행을 포함한 일부 금융회사들만 거래해서 은행의 은행이라고 불려요. 한국의 중앙은행인 한국은행에서는 어떤 일을 할까요?

한국은행은 국내외 경제 상황을 조사, 연구하고, 결과를 분석합니다. 국가가 경제 발전과 물가 안정을 꾀하는 경제 정책을 세우는 데

한국은행 본사와 한국은행 화폐박물관(구 한국은행 본사 건물)

중요한 역할을 하죠. 한국은행의 정책 결정 기구인 '금융통화위원회'는 시중에 돈이 너무 많이 풀려서 물가가 올라가면 물가 안정을 위해 금리를 올려 통화량을 줄입니다. 반대로 경제가 나빠지면 경기 회복을 위해 금리를 내려서 통화량을 늘립니다. 이처럼 중앙은행이 통화량을 늘리거나 줄여서 경제 활동의 수준을 조절하는 정책을 '통화 정책'이라고 해요.

한국은행은 외환과 환율도 관리합니다. 외환이 들어오고 나가면서 국내 통화량에 미치는 영향을 분석하고, 외환의 수요나 공급을 조절해서 환율을 안정시킵니다. 적절한 외환 정책을 세워서 수출입을 포함한 국제 거래가 잘 이루어지도록 하는 일도 해요.

은행은 무슨 일을 할까

돈의 흐름을 돕는 금융회사

혈액은 우리 몸속을 돌아다니며 필요한 영양소를 공급해 줍니다. 경제에서는 돈이 혈액의 역할을 해요. 경제 활동이 일어나는 곳에 돈이 흘러야 경제도 원활하게 돌아가죠. 이처럼 돈이 경제의 혈액 역할을 잘 할 수 있도록 돕는 것을 '금융'이라고 합니다. 여윳돈이 있는 사람과 돈을 빌리려는 사람을 연결해 주는 것을 뜻해요.

세상에는 돈이 없어 힘들거나, 여윳돈을 어디에 투자할지 고민하는 사람도 있습니다. 이러한 사람들을 위해 금융이 필요해요. 혈액이 순환하려면 심장이 꼭 필요하듯이 돈이 제대로 돌려면 이를 도와주는 곳이 있어야 합니다. 그래서 돈을 빌려주고 빌리는데 드는 시간과 노력을 줄여 주는 '금융회사'를 경제의 심장이라고 불러요.

금융회사는 담당하는 일을 기준으로 나누어집니다. 예금과 대출을 하는 회사, 보험회사, 증권회사, 투자회사, 신용카드회사가 있어요. 사람들에게 가장 친숙한 기관인 은행은 예금과 대출은 물론 금융회사가 하는 거의 모든 일을 취급합니다. '금융 백화점'이라고도 불리는 은행은 어떤 일을 할까요?

은행의 업무

- **예금 업무** 예금은 돈을 맡긴다는 뜻으로, 여윳돈이 있는 예금자에게 이자를 주고 돈을 모은다.
- **대출 업무** 돈이 필요한 기업이나 개인에게 이자를 받고 돈을 빌려준다.
- **송금 업무** 다른 계좌로 돈을 보내 준다.
- **외환 업무** 개인이나 기업 등을 대상으로 환전이나 해외 송금 업무를 하고, 기업의 수출입을 포함한 국제 거래 등을 돕는다.
- **투자 상품 판매** 투자 전문가가 간접적으로 투자해 주는 펀드 같은 금융 상품을 판매한다.
- **보험 판매** 보험회사와 연계해서 보험 상품을 판매한다.
- **신용카드 업무** 신용카드회사 대신 신용카드 발급 신청을 받고 사용 대금을 받는다.
- **그 밖의 업무** 공과금 수납 업무를 비롯해 보석이나 중요 서류 같은 귀중품을 보관해 주는 대여 금고 서비스 등을 제공한다.

은행은 하는 일에 따라 '중앙은행'과 '일반은행', '특수은행'으로 나누어집니다. 보통 은행이라고 하면 '일반은행'을 말해요. '상업은행'이라고도 하는 일반은행에는 KB국민은행, 우리은행, 신한은행 같은 '시중은행'과 BNK부산은행, 전북은행 같은 '지방은행', '외국은행'의 국내 지점 등이 있습니다. 중소기업 지원을 주로 하는 IBK기업은행이나 수출입, 해외 투자 및 해외 자원 개발 등을 도와주는 한국수출입은행은 '특수은행'에 속해요.

무엇보다 중요한 신용

금융시장에서는 믿음이 가장 중요합니다. 이러한 믿음을 경제 용어로 '신용credit'이라고 부르지요. 화폐를 믿고 사용하려면 국가가 통화 가치를 지켜줄 것이라는 믿음이 있어야 합니다. 돈의 수요자와 공급자를 연결하는 금융회사가 무너지지 않을 만큼 튼튼하다는 믿음, 돈의 수요자는 돈을 갚을 의지와 능력이 있다는 믿음이 사회에 있어야 하죠.

신용이 없다면 시장 참여자들은 안심하고 거래를 할 수 없어 금융시장이 순식간에 마비될 수 있어요. 2008년 글로벌 금융 위기는 믿음이 사라진 금융시장의 모습을 잘 보여 주죠. 글로벌 금융 위기는 리먼 브라더스, AIG 등 미국 대형 금융회사들이 부실로 휘청거리면

서 시작됐어요. 대형 금융회사조차 순식간에 무너질 듯한 모습은 금융 산업을 불안하게 했고 전 세계로 금융 위기가 확산되는 계기가 되었습니다.

돈을 빌린 대가

은행에서 돈을 빌리면 돈을 사용한 대가를 치러야 하는데, 이를 '이자'라고 합니다. 은행은 이자를 주기도 하고 받기도 합니다. 은행에 돈을 맡기는 '예금'을 한다면 은행은 예금자로부터 돈을 빌린 것이니 예금자에게 이자를 줍니다. 반대로 은행에서 돈을 빌리는 '대출'을 받으면 은행은 이자를 받습니다.

이자는 시간이 지날수록 늘어납니다. 다시 말해 원금에 따라 쌓이는 이자의 비율이 달라진다는 뜻입니다. 이를 '이자율' 또는 '금리'라고 해요. 금리는 기간과 퍼센트로 나타내는데, 금융회사가 이자를 주는 방식에는 '단리'와 '복리'가 있습니다. 단리는 기간에 상관없이 원금에 금리와 기간을 곱해서 이자를 주고, 복리는 일정 기간마다 이자가 원금에 더해지고, 거기에 다시 이자가 붙는 계산법입니다.

단리와 복리의 예를 들어 보겠습니다. 100만 원을 1년간 맡기고 3만 원의 이자를 받는다고 했을 때의 금리는 이자 3만 원에 맡긴 돈 100만 원을 나눈 값인 연 3퍼센트입니다. 100만 원을 금리 연 3퍼센트로 3년 동안 맡길 때 단리와 복리 이자를 비교해볼까요?

	1년	2년	3년	총액
단리 이자	30,000원 (1,000,000원 × 3퍼센트)	30,000원 (1,000,000원 × 3퍼센트)	30,000원 (1,000,000원 × 3퍼센트)	90,000원
복리 이자	30,000원 (1,000,000원 × 3퍼센트)	30,900원 [(1,000,000+30,000)원 × 3퍼센트]	31,827원 [(1,030,000+30,900)원 × 3퍼센트]	92,727원

일정한 비율로 증가하는 단리에 비해 복리는 투자 기간이 길어질수록 이자도 많아져.

이처럼 금리가 같아도 복리로 받을 때 이자가 더 많다는 것을 알 수 있죠? 돈을 맡기는 기간이 길어질수록 복리의 효과는 커집니다. 연 3퍼센트로 예금하는 경우 원금이 두 배가 되려면 단리로는 33년이 걸리지만, 복리로는 24년이 걸려요.

단리로 2배로 불어나는 데 걸리는 기간은 금방 알 수 있지만, 복리로 돈이 불어나는 것을 계산하려면 복잡할 것 같다고요? 이럴 때 '72의 법칙'을 알면 아주 쉽게 기간을 구할 수 있습니다. 가장 오래된 기록에 따르면 루카 파치올리Luca Pacioli가 쓴 수학책에 72의 법칙이 적혀 있었다고 해요. 72의 법칙은 금리를 복리로 적용할 때 원래의 금액이나 규모가 두 배로 늘어나는 기간을 알 수 있는 법칙입니다. 파치올리는 72를 금리로 나눈 값과 맡긴 돈에 복리 이자를 더한 값이 2배가 되기까지 걸리는 기간이 같다고 설명했어요. 예를 들어 연 3퍼센트의 금리로 예금을 한다면 72를 3으로 나눴을 때의 값이

24이니, 예금한 금액이 2배가 되려면 24년이 걸린다는 말입니다. 이 법칙을 적용하면 정해진 기간 동안 투자 자금을 2배로 만들기 위한 투자 수익률도 바로 계산할 수 있어요. 10년 후 원금을 2배로 만들고 싶으면 72를 10으로 나누기만 하면 됩니다. 값은 7.2이니, 연 7.2퍼센트의 수익률을 내는 금융 상품을 찾아야 해요.

72의 법칙은 미래 경제 상황을 예측할 때도 활용할 수 있어요. 평균 물가상승률이 연 2퍼센트라면 36년 후 물가는 현재의 2배가 될 것입니다. 평균 경제성장률이 3퍼센트라면 GDP 규모가 2배가 되는 시기는 24년 후라는 것을 예측할 수 있지요.

금리도 상품의 가격이 결정되는 '수요·공급의 법칙'에 따라 오르내립니다. 경제가 활기차게 돌아가 사업을 벌여 돈을 벌 자신이 생기면, 사람들은 이자를 주더라도 돈을 빌려서 투자를 해요. 이처럼

마이너스 금리

마이너스 금리를 말 그대로 풀이하면, 돈을 맡겼을 때 이자를 받는 대신 오히려 이자를 주어야 한다는 뜻이다. 그러나 보통 금리가 물가상승률보다 낮아서 이자를 받아도 실질적으로 혜택을 볼 수 없는 상태를 말한다.

물가상승률이 금리보다 높으면 돈의 가치가 떨어져서 돈을 찾을 시기에 받는 원금과 이자를 합친 돈의 가치는 예금할 때 맡긴 원금의 실제 가치보다 낮아진다. 만약 예금금리는 2퍼센트인데 물가상승률이 3퍼센트라면 실질 금리는 -1퍼센트로 마이너스 상태가 된다.

돈을 빌리는 사람들이 늘어나면 금리는 올라가죠. 반대로 경제가 나빠지면 투자를 꺼리게 되므로 돈을 빌리려 하지 않고, 여윳돈이 있으면 예금을 합니다. 돈을 빌려준다는 공급은 늘고 돈을 빌리는 수요는 줄어든 것을 뜻하니까 자연스럽게 금리는 내려가요.

돈은 어떻게 불리면 좋을까

부자가 되고 싶어!

돈은 어떻게 관리하고 부풀릴 수 있을까요? 돈을 관리하고 불리는 것을 흔히 '재테크'라고 부릅니다. 재테크는 재물을 뜻하는 한자 '재財'와 기술을 뜻하는 영어 '테크닉technic'을 합친 말이죠. 재테크란 재산을 불리는 기술, 즉 땅이나 건물 같은 부동산을 사거나 금융 상품 등에 투자해서 돈을 불리는 기술을 말해요.

금융 상품이 다양해지기 전에 사람들은 정기 적금을 들었어요. 매달 조금씩 돈을 모아서 목돈을 만들면 정기 예금을 들어서 이자를 받아 돈을 불렸습니다. 그러나 지금은 공격적으로 채권이나 주식에 직접 투자를 하거나 펀드처럼 전문가들이 대신 투자해 주는 간접 투자 상품에 돈을 맡기는 사람들이 많아졌어요. 게다가 구조를 이해하기 힘든 파생 금융 상품들도 많아졌고요. 파생 금융 상품은 예금, 외환, 주식, 채권 같은 전통적인 금융 상품을 바탕으로 새로 만들어진 금융 상품을 말합니다. 전통적인 금융 상품에 투자할 때 예상되는 금리, 환율, 주가의 변동에 따른 위험을 줄이고 수익률을 높이려는 목적으로 만들어졌어요. 그러나 무리한 투자를 하면 돈을 불리기는커녕 손해를 볼 수도 있습니다. 그러니 투자 대상인 금융 상품의 특성을 이해하고, 투자할 때 무엇을 고려해야 하는지 꼭 알아야 해요.

돈을 빌렸다는 증서, 채권

사업을 하다 보면 돈이 부족할 때가 있습니다. 이런 경우 금융회사에서 대출을 받기도 하지만, 길게 안정적으로 돈을 빌리려고 채권을 발행하기도 해요. '채권'은 일정한 이자를 대가로 투자자들로부터 돈을 빌렸다는 것을 나타내는 증서입니다. 채권에는 돈을 빌린 금액과 이자를 주는 방법과 이자율이 적혀 있어요. 정부나 공공기관 등도 임대 주택이나 지하철 건설 같은 특별한 사업을 할 자금을 마련하려고 채권을 발행합니다. 정부나 공공단체가 발행한 채권은 '국공채', 기업이 발행한 채권은 '회사채'라고 해요.

채권은 믿을 수 있는 기관이 발행하므로 안전하고 수익률도 예금

멕시코와 미국의 전쟁 당시 발행했던 미국 정부의 채권

보다 높아서 좋은 투자 수단입니다. 그러나 예금과 달리 아무 때나 돈을 돌려받진 못해요. 채권에 표시된 대로만 원금을 갚고 이자를 주거든요. 대신 만기일이 되기 전에 돈이 필요하면 은행이나 증권회사를 통해 채권을 다른 사람에게 팔 수 있습니다.

요즘은 주로 기업이 생산 시설을 마련하거나 정부나 공공단체의 특별한 사업을 위해 채권을 발행합니다. 과거에는 주로 국가가 전쟁 비용을 마련하려고 채권을 발행했습니다. 14세기에서 15세기 이탈리아 도시 국가들은 전쟁 비용을 마련하기 위해 채권을 발행했고, 17세기 영국과 프랑스의 전쟁, 19세기 미국의 남북 전쟁 중에도 채권을 발행해 전쟁 비용을 조달했어요.

회사의 소유권 증서, 주식

여러 사람이 투자해서 세운 회사를 '주식회사'라고 합니다. 조그마한 회사는 혼자서 운영할 수 있지만, 회사 규모가 커질수록 혼자서는 불가능하죠. 그렇기에 투자를 받고 대가로 회사의 소유권을 가졌다는 증서를 주는데, 이를 '주식'이라고 해요. 주식회사의 주인은 소유권을 가진 사람이나 기관인 '주주'입니다. 그래서 주식회사에서는 '주주총회'를 열어 주주에게 경영 내용을 알려 주고, 중요한 문제는 투표를 해서 결정해요. 주주는 경영자가 회사에 손해를 입히는 등 문제를 일으키면 경영자를 바꿀 수 있는 권리도 가지고 있습니다.

주식은 증권회사를 통해서 사고팔 수 있는데, 주식이 거래되는 시장을 '주식시장'이라고 해요. 주식회사는 이익이 나면 일부를 주주에게 '배당금'이라는 돈으로 나눠줍니다. 주주는 주식에 투자해서 배당금을 받아 돈을 불리기도 하지만, 주식을 산 가격보다 오른 가격에 팔아서 돈을 불릴 수도 있어요. 주가가 쌀 때 주식을 사뒀다가 주가가 오른 시점에 팔면 투자 수익이 생기니까요.

주식도 물건처럼 사려는 사람이 많으면 값이 오르고, 팔려는 사람이 많으면 값이 내려갑니다. 기업의 가치는 영업 사정이나 전망에 따라 바뀌기 때문에 주식의 가격, 즉 주가는 시시각각 변해요. 기업이 공급하는 재화나 서비스가 잘 팔려서 이익이 많이 나면 주가가 올라가고, 경영 상태가 나빠졌거나 나빠질 전망이면 주가는 떨어집니다. 당장은 사정이 좋지 않더라도 앞으로 돈을 많이 벌 것으로 기대되는 기업의 주가는 오르기도 하고요.

해외 경제 상황이 우리 시장에 영향을 미치기도 합니다. 미국 시장의 주식이 오르면 우리 시장의 주식도 오르고, 반대로 내리면 우리 시장에서도 떨어질 때가 많아요. 미국이 세계에서 가장 경제 규모가 크고 세계 경제에 끼치는 영향도 아주 크기 때문이지요. 또 미국인들은 자국 주식뿐 아니라 다른 나라 주식에도 투자를 많이 해요. 이들이 미국 주식시장에서 주식을 팔면 곧 다른 나라 주식시장에서도 주

코스피와 코스닥

한국에는 크게 두 개의 주식시장이 있다. 바로 '코스피KOSPI 시장'이라고 불리는 유가 증권 시장과 '코스닥KOSDAQ 시장'이다. 유가 증권 시장은 삼성 전자, 현대자동차, SK텔레콤처럼 규모가 크고 이익을 안정적으로 내는 기업의 주식이 주로 거래된다. 반면 코스닥 시장은 정보 통신, 바이오, 엔터테인먼트 등 새롭게 떠오르는 산업군에 있는 회사의 주식이 거래된다. 규모는 작고 이익은 들쭉날쭉하지만, 미래에 성장할 수 있는 잠재력이 큰 기업들의 주식이 모여 있다.

투자자라면 자신이 가진 주식의 가격에 가장 관심이 많겠지만 때로는 시장 전체의 흐름도 살펴야 한다. 이때 참고하는 지표를 '주가지수'라고 한다. 주가지수는 시장에서 거래되는 종목 전체 또는 특정 산업군에 속한 종목의 주가가 어떻게 움직이는지 종합해서 알려준다. 유가 증권 시장과 코스닥 시장의 흐름을 알려 주는 대표 지수는 각각 '코스피 지수', '코스닥 지수'이다.

식을 팔 확률이 높아지거든요. 이렇듯 해외의 경제 상황과 우리 시장에는 많은 접점이 있어 서로 영향을 주고받습니다.

투자할 때 고려할 세 가지

투자를 할 때는 '기대수익률', '리스크', '유동성'을 따져 보아야 합니다. '얼마만큼의 수익을 기대하는가', '예상을 깨는 결과가 나올 위험은 없을까', '얼마나 쉽게 현금으로 바꿀 수 있는가'를 살피는 것입니다. 앞서 언급한 세 가지는 투자의 종류에 따라 높아지거나 낮아지기도 합니다.

주식은 돈을 많이 벌 가능성이 있지만 돈을 잃을 위험도 있어요. 은행의 예금과 적금은 안전합니다. 그러나 정해진 이자만 붙기 때문에 돈을 많이 불릴 수는 없어요. 경제 사정에 따라 다를 때도 있지만 보통 예금·적금이 가장 리스크가 적고 그 뒤로 국공채, 회사채, 주식 순으로 리스크가 커지고 기대수익률은 높아져요.

유동성이란 투자한 돈을 얼마나 쉽고 빠르게 현금으로 바꿀 수 있느냐를 말합니다. 현금으로 바꾸기 쉬우면 유동성이 높다고 하고, 현금으로 바꾸기 어려우면 유동성이 낮다고 해요. 자산이 아무리 많더라도 유동성이 낮은 곳에만 투자했다면, 급할 때 현금을 마련하지 못해 곤란을 겪을 수 있어요.

은행의 자유 입출식 예금은 언제라도 찾을 수 있어서 가장 유동성이 높습니다. 정기 예금이나 적금도 이자만 포기하면 언제든지 찾을 수 있으므로 유동성이 높아요. 주식도 시장에서 팔릴 수 있는 가격에 내놓으면 현금을 마련할 수 있으니까 유동성이 높은 편입니다. 그러나 집이나 땅 같은 부동산은 유동성이 아주 낮아요. 팔고 싶어도 사겠다는 사람이 나타나지 않으면 몇 년을 기다려야 하거나 그마저도 팔리지 않는 경우가 있으니까요.

그래서 투자를 할 때는 가진 돈을 어느 한 곳에 투자하는 것보다 다양한 곳에 분산 투자를 하는 것이 좋습니다. 미래에 돈이 필요한 곳을 따져 보고 기대수익률, 리스크, 유동성을 고려해서 적절하게 자산을 배분해 포트폴리오portfolio를 구성해야 해요.

포트폴리오

포트폴리오는 칸이 구분된 서류 가방을 뜻했다. 그런데 1981년 미국의 경제학자 제임스 토빈James Tobin이 '포트폴리오 이론'으로 노벨경제학상을 탄 후, 보유 자산 목록을 뜻하는 말로 쓰이게 됐다.

제임스 토빈은 포트폴리오 이론을 한 마디로 소개해달라는 기자의 말에 "달걀을 한 바구니에 담지 말라"라고 대답했다. 달걀을 여러 바구니에 나누어 담으면, 바구니 하나쯤 떨어뜨려도 달걀을 전부 잃지 않는다는 것이다. 이 말은 다양하게 투자하는 '분산 투자'의 중요성을 일깨우는 유명한 격언이 됐다. 따라서 일반적으로 투자를 할 때는 현금, 금, 채권, 주식, 부동산 등 다양한 자산을 포트폴리오에 담는 것이 좋다.

암호화폐는 무엇일까

암호화폐의 등장

기술의 발전은 금융시장에도 크고 작은 변화를 만듭니다. 무엇을 화폐로 사용하고 가치 있는 자산으로 볼 것인지에 대한 인식도 시대에 따라 달라집니다.

2000년대 들어 정보 통신IT 기술이 발전하며 금융시장에는 새로운 존재인 암호화폐가 등장했습니다. 2008년 사토시 나카모토Satoshi Nakamoto라는 가명을 쓰는 프로그래머가 '블록체인 기술'을 적용한 암호화폐 '비트코인'을 소개하는 논문을 발표했습니다. 이듬해에는 비트코인이 실제로 세상에 등장했지요.

블록체인은 정부나 은행 같은 중앙기관의 개입 없이 개인 사이 거래를 안전하게 할 수 있는 기술이에요. '블록'은 네트워크에서 일정

시간 동안 암호화폐를 주고받은 기록을 담은 장부입니다. 새로운 블록은 모든 네트워크 참여자에게 전송되어 이전 블록에 쇠사슬(체인)처럼 연결됩니다. 이 과정에서 참여자들은 누군가 이상한 블록을 연결하는 것이 아닌지 유효성을 검증합니다. 만약 이상한 블록이 있다면 제거하고요. 결과적으로 모든 참여자의 컴퓨터에 똑같은 장부를 보관하게 되지요.

블록을 검증하려면 복잡한 암호를 푸는 연산을 수행해야 합니다. 이때 엄청난 컴퓨팅 자원을 써요. 그래서 컴퓨팅 자원을 제공한 참여자는 네트워크로부터 보상을 받는데, 그것이 비트코인입니다. 블록을 검증해 비트코인을 얻는 일은 '채굴Mining'이라고 불러요. 채굴 과정은 마치 금을 캐내는 것처럼 많은 시간과 노력이 필요합니다. 전문적으로 채굴이 이루어지는 작업장을 '채굴장'이라고 부르며 채굴 작업을 하는 사람을 '채굴자'라고 해요.

시간이 지나며 비트코인의 가격은 점점 올라갔습니다. 사람들이 사이에서 비트코인에 대한 믿음이 생기기 시작했거든요. 무슨 일이 있었는지 자세히 알아볼까요?

블록체인 기술로 만든 암호화폐는 위조하는 것이 거의 불가능합니다. 블록 검증을 피하려면 네트워크에 있는 컴퓨터 중 50퍼센트 이상을 장악해야 해요. 하나의 중앙 컴퓨터에 방화벽을 두고 기록을 보관할 때보다 모두 함께 같은 기록을 보관하니까 보안이 더 강력해졌지요. 그러자 비트코인을 유용하게 쓸 수 있다고 생각하는 사람

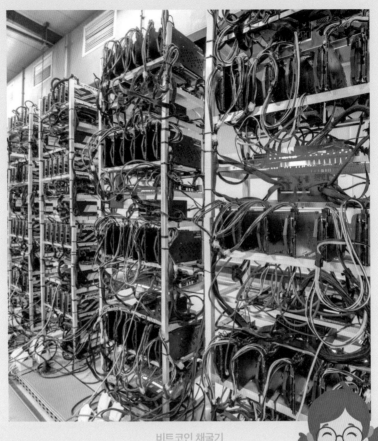

비트코인 채굴기

비트코인 가격이 오르자
채굴에 뛰어드는 사람이 많아졌어.
그래서 채굴기를 만드는 데 필요한
그래픽 카드의 수요가 늘었지.
한동안 그래픽 카드 품귀 현상이
일어나기도 했어.

들이 늘었던 것입니다.

뒤이어 '알트코인'들도 생겼습니다. 알트코인은 '대체alternative'와 '코인coin'을 합친 말로 비트코인을 제외한 모든 암호화폐를 뜻해요. 알트코인들은 서로 다른 기능과 블록 검증 방식을 갖고 있지만, 모두 블록체인 기술을 바탕으로 한다는 공통점이 있습니다.

자산이 된 암호화폐

사토시는 각국 중앙은행이 화폐를 마음대로 찍어내는 것이 불만이었어요. 그래서 개인들이 함께 화폐를 관리했으면 해서 비트코인을 만들었습니다. 이것을 '화폐의 탈중앙화'라고 불러요. 또 비트코인이 2140년까지 2100만 개만 생성되도록 제한하고, 일정 시간(반감기)이 지나면 채굴할 수 있는 비트코인 양이 점차 줄도록 설계했습니다. 비트코인을 마구 발행해 가치가 떨어지는 '화폐 타락'을 막으려는 조치였어요.

안타깝게도 사토시의 꿈은 절반만 이루어졌습니다. 비트코인은 사람들의 신뢰를 얻으며 어느덧 제도권 금융으로 들어왔어요. 하지만 대다수 국가의 중앙은행이 발행한 화폐의 자리를 빼앗지는 못했습니다. 왜 그럴까요?

화폐는 가치를 측정하고 저장하는 수단입니다. 그런데 암호화폐처럼 가치가 들쭉날쭉한 도구는 화폐로 쓰는 것이 어렵습니다. 예를 들어 오늘 개당 4000만 원인 비트코인 하나로 가격이 4000만 원인 자동차를 구매했다고 생각해 봅시다. 그런데 내일 자동차 가격은 그대로인데 비트코인 가격이 개당 8000만 원으로 오르면, 전날 비트코인으로 자동차를 산 것을 후회할 것입니다. 이런 일이 반복되다 보면 비트코인으로 값을 치르려는 사람들이 점차 사라질 거예요.

그래서 한국을 비롯한 많은 나라에서 비트코인을 화폐가 아닌 자산으로 분류합니다. 화폐로는 사용하지 않아도 많은 사람이 가치 있다고 믿으니, 금이나 주식 같은 자산으로 보는 것이지요. 마찬가지로 알트코인들도 비트코인처럼 가상 자산으로 봅니다.

물론 비트코인을 화폐로 사용하는 나라도 있습니다. 2021년 엘살바도르, 2022년 중앙아프리카공화국은 비트코인을 법정 화폐로 채택했어요. 두 나라는 정부가 관리하는 화폐를 국민이 믿지 못하고, 금융 시스템이 불안하다는 문제가 있었어요. 그래서 오히려 비트코인을 법정 화폐로 사용했을 때 경제가 안정될 것이라는 희망을 품고 실험을 시작했습니다.

훗날 비트코인이 화폐가 될지, 자산이 될지, 어느 순간 신기루처럼 사라질지 아무도 장담할 수 없습니다. 다만 사람들의 믿음과 기대가 비트코인의 앞날을 결정한다는 사실만은 분명합니다.

엇갈리는 믿음

비트코인을 비롯한 암호화폐는 어느덧 사람들의 자산 포트폴리오에 자리 잡았습니다. 주식, 채권, 금처럼 주변에서 흔히 볼 수 있는 투자 대상이 된 것입니다. 하지만 여전히 암호화폐가 좋은 투자 대상인지 의심의 눈초리를 거두지 못하는 사람도 많습니다. 암호화폐의 가치에 대한 평가는 왜 이렇게 엇갈릴까요?

금융시장에서 가치는 사람들의 믿음을 먹고 자랍니다. 금 가격이 흔들리지 않는 것은 세계 어디에서나 금은 가치 있다고 믿기 때문이에요. 만약 갑자기 사람들이 금이 노란 돌덩이에 불과하다고 여기면, 금 가격도 추락할 것입니다. 암호화폐 가격이 출렁거리는 것은 암호화폐에 대한 시장의 믿음이 아직 확고하지 않다는 증거지요.

그래서 믿음이 생길 만한 사건이 생겼을 때 암호화폐 가격은 올라갑니다. 예를 들어 2024년 초 미국 증권거래위원회가 비트코인 현물 상장지수펀드ETF를 만들어도 된다고 승인하자, 비트코인 가격도 갑자기 치솟았습니다. 'ETF'는 주가지수 같은 기초 자산 가격의 움직임에 따라 수익률이 결정되는 투자 상품이에요. 증권 거래소에서 주식처럼 사고팔 수 있어서 요즘 인기가 올라가고 있어요. 비트코인 가격에 따라 수익을 주는 ETF가 나온다는 것은, 제도권 금융시장에서 비트코인의 가치를 믿는다는 것을 나타냅니다.

반면 믿음을 깨뜨리는 사건이 생기면 암호화폐 가격도 무너집니다. 2022년 시가총액 기준으로 세계 10위 안에 들었던 '루나'와 '테라'라는 암호화폐가 순식간에 휴지 조각이 되어버린 사건이 터졌습니다. 두 암호화폐를 발행한 회사가 투자자들을 속이고 각종 부정행위를 저질렀다는 것이 알려졌거든요. 그러자 암호화폐 전반에 대한 불신이 커지면서, 비트코인 가격도 함께 추락했어요.

이처럼 암호화폐는 가격이 크게 오르내리는 리스크가 큰 투자 대상입니다. 높은 수익률을 기대할 수 있지만, 자칫 원금을 모두 날릴 수도 있어요. 암호화폐에 투자할 때는 이러한 리스크를 완전히 이해하고 신중한 의사 결정을 내려야 합니다.

달러화는 어떻게 기축 통화가 되었을까

19세기부터 영국, 독일, 프랑스, 덴마크, 네덜란드 등 대부분 유럽 국가에서는 금본위제를 채택했습니다. 이후 미국도 금본위제 법을 제정함으로써 세계 주요국에 금본위제가 자리 잡았어요. 금의 가치를 바탕으로 자국 통화의 가치를 보장한 것입니다.

그러자 국제 거래를 할 때 환율 변동으로 인한 불안이 줄어서 세계 무역 규모는 엄청나게 커졌습니다. 가령 영국의 기업이 독일에서 상품을 수입하면서 파운드화로 대금을 주기로 했다면, 금본위제 채택 전에는 독일 수출상은 파운드화를 받고 이를 마르크화로 바꾸면 손해를 볼 수 있어 불안했어요. 그러나 금본위제 채택 후에는 1파운드와 1마르크에 해당하는 금의 가치를 이미 알고 있어서 파운드화와 마르크화의 교환 비율을 금방 계산할 수 있었어요. 독일 수출상은 이를 기준으로 파운드화로 환산한 가격을 받으면 되니까 환율 변동에 대한 부담감을 덜게 되었습니다.

그러나 제1차 세계대전이 일어나면서 금본위제는 위기를 맞았습니다. 전쟁 비용을 마련하느라 다급해진 나라들이 보유하고 있는 금의 양보다 훨씬 많은 액수의 화폐를 발행했거든요. 그래서 화폐에 대한 금 태환이 불가능해지자 1914년 영국은 금 태환을 잠시 중단한다고 선언했습니다. 유럽의 다른 나라들도 같은 선언을 했어요. 전쟁이 끝난 1922년, 유럽 국

덱스터 화이트(왼쪽)와 케인스. 이들은 브레턴우즈 회의에서 미국과 영국 대표로 만났다.

가들은 금본위제 부활을 거론했지만 실행으로 이어지지 못했습니다. 그러다가 1929년 경제 대공황으로 인한 경제 침체로 어려움을 겪었던 영국은 1931년 파운드화에 대한 금 태환 포기 선언을 하고 말았어요.

미국의 달러화가 영국의 파운드화를 제치고 새로운 기축 통화가 될 수 있었던 것은 바로 금 태환을 보장했기 때문입니다. 제2차 세계대전 중이었던 1944년 7월, 미국 뉴햄프셔주 브레턴우즈에 44개 국가를 대표하는 경제 전문가가 경제 회복을 위한 새로운 경제 질서를 찾으려고 모였어요. 이 자리에는 미국 대표 해리 덱스터 화이트Harry Dexter White 재무부 차관보와 경제학자 존 케인스John Maynard

Keyne가 있었죠. 덱스터 화이트는 금본위제를 부활하고 화폐 가치의 기준을 금이나 금의 가치에 고정된 통화로 할 것을 제안했습니다. 미국은 달러화에 대한 금 태환을 보장하고 금 1온스를 35달러로 고정한다고 선언했고요. 그러자 언제라도 금 태환이 가능한 달러화를 기준으로 한 국제 거래가 빠르게 늘어났습니다. 하지만 케인즈는 새로운 국제 통화 '방코르'를 도입하자고 했어요. 국경 없는 화폐를 만들자고 했지만 이 주장은 받아들여지지 않았습니다.

시간이 지나 금본위제는 1971년 지구상에서 사라집니다. 미국은 15년에 걸친 베트남 전쟁으로 국력을 소모한 나머지 달러 가치가 하락했거든요. 그러자 미국의 닉슨Richard Nixon 대통령은 금 태환 정지를 선언하고 말았어요. 이로 인해 달러화의 위상도 흔들리게 되었지요.

하지만 더는 금으로 가치를 보장받지 못함에도 여전히 달러화는 기축 통화로 쓰이고 있어요. 미국보다 막강한 나라가 나타나지 않았기 때문입니다. 이와 함께 1973년 사우디아라비아와 미국이 합의해서 달러화를 원유 결제 통화로 결정한 것도 달러화가 힘을 잃지 않는 데 한몫을 했어요. 누구라도 원유를 사려면 달러화가 있어야 하니까, 국제 거래를 할 때도 자연스럽게 달러화를 쓰는 것이지요. 이처럼 원유를 바탕으로 달러화에 대한 수요를 유지하는 것을 '페트로 달러 체제'라고 부릅니다.

4장

국가와
경제

세금은 어떻게 쓰일까

보호를 받는 대가

부모님이 가족을 위해 집안 살림을 하듯이, 정부나 지방 자치 단체는 국민을 위해 나라 살림을 합니다. 집안 살림에는 주로 가족이 벌어들이는 소득이 필요하지만, 나라 살림을 하려면 '세금'을 거두어야 해요.

사람들이 작은 부족을 이루어 함께 일하고 나누며 살았던 시절에는 세금을 낼 필요가 없었습니다. 그런데 모여 사는 사람이 많아지자 생활이 복잡해지고 다툼이 잦아졌어요. 도둑이 생겼고, 힘으로 남을 괴롭히는 사람도 있어서 복잡하고 억울한 문제를 원만히 해결해 줄 사람이 있어야 했지요. 그리고 둑이나 물길, 저수지를 만드는 등 큰일을 효율적으로 하려면 이를 통솔하고 감독하는 사람도 필요

조선 후기 한 마을의 토지세 징수 문서

했습니다. 사람들은 힘을 가진 자에게 모여들었고, 지배자와 피지배자로 나누어졌어요. 지배자의 감독과 명령에 따라 질서가 유지되는 사회가 되자 피지배자들은 보호를 받는 대가로 지배자에게 가진 것의 일부를 내놓았습니다. 이런 것들이 바로 오늘날의 세금에 해당합니다.

한반도에서는 삼국 시대에 처음 세금 제도가 시행되었습니다. 화폐가 사용되기 전이어서 지금처럼 돈으로 세금을 내지 않고 물건을 바치거나 노동력을 제공하는 제도였어요. 국가에서 빌린 땅에서 농사를 지어 추수한 곡식의 일부, 지방의 특산물 등을 바치거나, 국가에서 성을 쌓거나 길을 만들 때 일을 해야 했습니다. 고려와 조선 시대에는 세금의 종류와 거두어들이는 방법이 더욱 다양해졌지요.

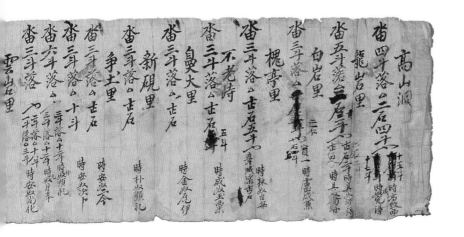

나랏일에 꼭 필요한 세금

세금을 정부가 국민으로부터 강제로 빼앗는 돈이라고 생각할 수도 있어요. 그러나 세금이 없으면 지하철이나 도로를 정비하지도 못하고 생활에 꼭 필요한 수도나 전기 시설을 유지할 수도 없어요. 학교 교육도 불가능하고 경찰이 없어지니 범죄를 막을 수 없지요. 군대를 운영할 수 없으면 다른 나라의 침략을 받더라도 나라를 지킬 수도 없고요. 즉 세금이 없으면 기본적인 사회 간접 자본을 건설할 수 없고, 국민을 교육하지도 못하며, 국가의 안전을 지킬 수도 없습니다.

게다가 세금은 경제 발전과 국민의 복지 향상 등 개인이나 기업의 힘으로 해결할 수 없는 일에도 쓰입니다. 국민 사이의 소득이나 재

18세기 영국 세금 징수원. 세금 징수원은 영국이든 프랑스든 보통의 백성에게 달갑지 않은 존재였음이 분명하다. 〈세금 징수원The tax collector〉, 토마스 롤랜드슨Thomas Rowlandson

산의 차이가 벌어지면 사람들의 갈등도 커져서 사회가 불안해져요. 그래서 정부는 소득과 재산이 많은 사람에게 세금을 많이 걷어서, 가난하고 어려운 사람들을 도와주고, 일자리를 늘리고, 국민의 삶의 질을 높이는 사회 보장 제도를 시행합니다.

세금의 종류

중앙 정부는 국민 전체를 위해 일을 하고, 지방 자치 단체는 주민을 위한 일을 합니다. 따라서 세금도 중앙 정부에 내는 '국세', 지방 자치 단체에 내는 '지방세'로 나누어집니다. 대표적인 국세에는 개인이나 기업이 벌어들인 소득의 일부를 내는 '소득세'와 물건 가격에 포함된 '부가가치세'가 있습니다. 반면, 부동산을 살 때 내는 '취득세', 가지고 있는 부동산에 대해 내는 '재산세'는 대표적인 지방세입니다.

소득세는 소득과 소득세율을 곱한 값입니다. 소득에 대한 세금의 비율인 '소득세율'이 같아도 소득이 많은 사람은 소득이 적은 사람보다 세금을 많이 냅니다. 그런데 한국을 포함한 많은 나라에서 소득이 높을수록 소득세율이 더 높아지는 '누진세' 제도를 채택하고 있어요. 앞서 설명한 것처럼 소득이나 재산의 차이로 생기는 사회 갈등을 해결하기 위함입니다. 누진세 제도로 정부가 나서서 소득이 높은 사람에게 세금을 더 걷어 소득을 재분배하려는 것이지요.

또 세금을 걷는 방법에 따라 세무서에 직접 내는 '직접세'와 소비자가 상품이나 서비스를 구매할 때 세금이 가격에 포함된 형태인 '간접세'로 나뉩니다. 소득세나 물려받은 재산에 대해 내는 상속세는 직접세, 유통 과정에서 발생하는 세금인 부가가치세는 구매자가 상품을 살 때 내기 때문에 간접세입니다. 국세와 지방세 이외에도 무역에서 세관을 통과하는 화물에 부과하는 '관세'도 있어요. 수출품에 관세를 매기기도 하지만, 주로 국내 산업을 보호하기 위해 다른 나라에서 수입하는 물건에 부과하는 세금입니다.

이보다 더 많은 세금이 우리 삶 곳곳에 사용되고 있어요. 우리가 세금을 함께 낸 덕분에 공원, 박물관 같은 공공시설을 이용할 수 있

우리가 흔히 찾는 공원도 세금으로 운영된다.

죠. 생활의 질을 높이는 데 세금이 중요한 역할을 한다는 것을 잊으면 안 되겠죠?

세금을 정하고 관리하는 기관

세금은 국민이라면 내야 하는 공동 경비지만, 정부는 돈이 필요하다고 해서 국민에게 세금을 더 내라고 강요할 수는 없어요. 세금을 누가 얼마만큼 내고, 어디에 사용하는지는 국민을 대표하는 기관인 '국회'에서 정합니다. 국회가 정한 법률에 따라서만 세금을 거둘 수 있는 원칙을 '조세법률주의'라고 해요. 정부가 세금을 어디에 어떻게 쓸 것인지를 계획하는 예산안을 만들어 국회에 제출하면 국회는 이를 심사한 뒤 최종적으로 결정합니다. 그리고 국회는 정부가 세금을 올바르게 썼는지 검토하는 일도 하고 있어요.

국세를 관리하는 기관은 '국세청'과 '세무서' 그리고 '관세청'입니다. 국세청은 세무서를 감독하며 세금에 관한 여러 정보를 국민에게 제공해요. 세무서는 직접 세금을 거두고, 세금 안내와 세금 관련 상담을 맡고 있습니다. 납세 증명서·소득 금액 증명서 등 세금 관련 서류를 발급하는 일도 하지요. 관세청은 관세를 받는 일과 세금을 내지 않고 외국에서 몰래 물건을 들여오는 밀수를 단속합니다.

기업과 국가 경제는 어떤 관계일까

가족에서 주식회사로

기업이라면 규모가 큰 회사를 떠올리겠지만 돈을 벌기 위해 만들어진 조직은 모두 '기업'입니다. 백화점, 은행, 자동차 공장뿐만 아니라 편의점, 문구점 등도 기업이지요. 기업을 뜻하는 영어 'company'의 어원은 라틴어 '콤파니아compagnia'입니다. 'Cum(같이)'과 'Panis(나눈다)'의 합성어로 '빵을 같이 나눠 먹다'라는 뜻이죠. 이는 12세기 이탈리아의 피렌체를 비롯한 여러 도시에서 세워졌던 가족 회사를 부르는 말이었어요. 당시의 기업은 가족이 다 같이 일해서 돈을 벌고 나누었으며 문제가 생기면 함께 책임을 졌습니다.

가장 유명한 기업으로는, '르네상스의 역사'라고도 불린 피렌체의 '메디치 가문'입니다. 13세기 말 메디치 가문은 콤파니아를 만들고 금융업에 진출했어요. 사업이 성공해서 엄청난 돈을 벌자 정치적으로도 막강한 권력이 생겼지요. 메디치 가문은 학문과 예술 발전에도 힘을 썼습니다. 만약 그들이 예술가를 후원하지 않았다면, 레오나르도 다빈치나 미켈란젤로의 작품들을 볼 수 없었을지도 몰라요.

메디치 가문뿐만 아니라 피렌체, 밀라노, 베네치아 등 이탈리아 북부 도시에는 '콤파니아'를 세워 모직물 공업과 금융업으로 엄청난 돈을 번 부자들이 많았습니다. 이런 부자들이 거대한 건축물을 짓고 많은 예술가를 지원하면서 르네상스는 발전하게 됩니다.

그러나 기업을 만드는 것과 큰돈을 버는 것은 별개였어요. 온 힘을 다해 경영했지만 망하는 기업도 있었어요. 기업이 망하면 경영에 참여했던 모든 사람은 엄중한 벌을 받았고 심한 경우 노예가 되기도 했습니다.

기업 규모가 커지면서 경영에 필요한 자본 규모도 커지자 여러 사람이 돈을 모아 만드는 주식회사가 생겼어요. 세계 최초의 주식회사는 1602년 네덜란드에서 만들어진 '동인도회사'입니다. 당시 유럽에서 가장 무역이 발달했던 네덜란드의 상인들은 신대륙과

최초의 주식회사인 동인도회사 본사. 〈동인도회사 본사East India House in Leadenhall Street〉, 토마스 셰퍼드Thomas Hosmer Shepherd

이 그림에는 메디치 가문 사람들이 등장해.
메디치 가문은 금융업으로 큰돈을 벌어들였는데,
르네상스 시대 이들의 영향력이 막강했음을
보여 주는 그림이지.

〈동방박사의 행렬Procession of the Youngest King〉,
베노초 고촐리Benozzo Gozzoli

아시아의 무역을 위해 큰돈이 필요했어요. 그러자 국가가 나서서 주식회사를 만들고 큰돈을 모을 수 있도록 도왔습니다. 무역으로 큰돈을 벌면 높은 배당금을 받을 수 있다고 판단했던 많은 사람은 동인도 회사에 투자를 했지요.

기업과 경기의 관계

기업의 목표는 이윤을 내는 것입니다. 그런데 왜 '기업이 살아야 나라가 산다'고 할까요? 그것은 바로 기업이 생산을 하기 때문입니다. 기업은 공장을 짓거나 기계와 원료를 사고, 새로운 기술을 개발하려고 투자를 합니다. 기업이 투자를 많이 하면 생산이 증가하고 일자리도 많아지죠. 대부분 사람은 월급인 근로소득으로 살아가는 만큼, 일자리가 늘면 국민의 살림살이도 나아집니다. 그뿐만 아니라 기업이 돈을 벌면 일부를 나라에 세금으로 내니까 국가 재정에도 손을 보탤 수 있습니다. 그러니 경제 전반에서 기업들의 생산이 활발하고 상품과 서비스가 잘 팔린다면 모두가 좋아할 거예요. 이러한 상황을 '호황' 또는 '경기가 좋다'고 표현합니다.

그런데 기업이 생산한 상품과 서비스가 팔리지 않는다거나, 투자를 할 돈이 없다면 어떨까요? 소득이 점점 줄어드는 기업은 국가에 세금도 내지 못할 테고 일자리도 늘릴 수 없겠죠. 이러한 일이 여러

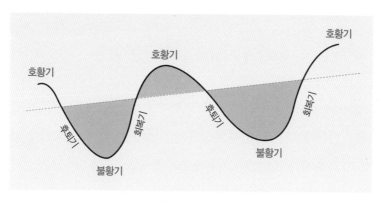

경기 순환 그래프

기업에서 한꺼번에 벌어지게 되면 사람들 사이에서 살기 팍팍하다는 이야기가 절로 나오게 될 것입니다. 취업난이 생기고 다니던 회사를 어쩔 수 없이 그만둬야 하는 사람도 생겨요. 다시 말해 실업자가 늘어난다는 것이죠. 게다가 세금을 제대로 걷을 수 없어 나라가 쓸 돈이 모자라게 됩니다. 이러한 상황을 '불경기' 또는 '경기가 나쁘다'라고 표현합니다.

경기가 항상 좋아서 기업도 살고 일자리도 늘고 국가 재정도 탄탄해지면 좋겠지만, 안타깝게도 경기는 좋을 때도 있고 나쁠 때도 있어요. 경기는 좋은 시기가 지나면 점차 침체되다가 불황에 접어듭니다. 바닥을 지난 경기는 다시 서서히 회복되고요. 마치 한 해 동안 계절이 변하면서 기온이 오르고 내리는 것과 비슷하지요? 이러한 현상을 '경기 변동' 또는 '경기 순환'이라고 부릅니다.

국가가 기업을 운영하는 이유

기업을 누가 경영하느냐에 따라 '민간기업'과 '공기업'으로 나누어집니다. 민간기업은 일반인이 운영하는 기업이고, 공기업은 국가나 지방 자치 단체가 운영하는 기업이에요. 한국전력공사, 한국철도공사 등이 대표적인 공기업입니다. 국가나 지방 자치 단체가 왜 기업을 경영하는 것일까요? 많은 자본이 필요하거나 모든 국민이 골고루 혜택을 누려야 하는 사업을 책임지고 공급하기 위해서입니다.

예를 들어, 발전소를 세운다거나 철도를 건설하려면 어마어마한 돈이 필요합니다. 아무리 큰 기업이라도 발전소나 철도를 건설하는 데 드는 돈을 마련하기란 쉽지 않아요. 또 민간 기업들은 이윤을 남길 수 없다면 투자하지 않습니다. 두메산골이나 외딴섬에 전기 또는 물을 공급하고 교통 서비스를 제공하려는 사업은 이윤이 나지 않으

생산의 3요소

생산에 필요한 것을 '생산 요소'라고 한다. 예를 들면 가방을 생산할 때 먼저 필요한 것은 생산할 공장을 지을 땅(토지)이다. 그리고 공장 운영에 필요한 시설을 갖추려면 돈(자본)이 있어야 하고, 가방을 만들 사람(노동력)도 필요하다. 즉 생산을 하려면 토지, 자본, 노동력이 있어야 하는데, 이를 생산의 3요소라고 한다.

니 하려는 민간기업은 찾기 힘들어요. 하지만 공기업은 국민의 편의를 위해 이윤이 나지 않더라도 서비스를 제공합니다. 민간기업은 이윤에 집중한다면, 공기업은 국민이 누려야 할 다양한 인프라 형성을 위해 노력하는 것이죠.

통화량이 늘어나면 어떤 일이 벌어질까

당백전이 올린 물가

'땡전 한 푼 없다'라는 말은 주머니가 텅텅 비었다는 뜻입니다. 이처럼 땡전은 흔하고 가치 없는 돈의 대명사라 할 수 있습니다. 땡전은 1866년 발행했던 당백전을 뜻해요. 임진왜란 때 불탄 경복궁 재건에 필요한 돈을 구하려고 발행한 화폐입니다. 화폐 앞면에는 상평통보常平通寶, 뒷면에는 이미 조선에서 사용했던 상평통보 100개의 가치가 있다는 뜻을 담아 호대당백戶大當百이라는 글자를 새겼습니다.

상평통보는 언제나 일정한 가치를 유지한다는 뜻이 담긴 화폐입니다. 그러나 당백전은 너무 발행된 나머지 돈의 가치가 떨어져 일정한 가치를 유지하지 못했어요. 돈의 가치가 떨어져 물가가 오르자 백성들의 생활이 어려워졌지요. 화가 난 백성들은 당백전을 '당전'이라고 부르다가 '땅전'을 거쳐 '땡전'으로 부르게 되었습니다.

그런데 당백전을 발행하는 것과 물가는 무슨 관계가 있을까요? 돈도 물건처럼 흔해지면 가치가 떨어집니다. 나라 안에서 실제로 사용되고 있는 돈의 양, 즉 통화량이 많아지면 돈의 가치는 떨어지게 되지요.

우리나라에 총 1조 원이 있는데 돈을 많이 발행해 10조 원이 생겼다고 생각해봅시다. 그런데 만드는 물건의 양이 같다면, 사람들은 쓸 돈이 늘어났으니 돈을 더 주더라도 원하는 물건을 사려고 할 것입니다. 그렇게 가격은 10배가 될 때까지 슬금슬금 올라가게 될 거예요.

이렇듯 통화량이 10배 늘면 화폐 가치가 10분의 1로 떨어져서 물건 가격은 10배로 오르게 됩니다. 생산은 제자리걸음인데, 당백전만 많이 발행했으니까 물가가 올라간 것이지요.

인플레이션, 디플레이션

그렇다면 통화량은 변하지 않아야 할까요? 그렇지 않아요. 통화량이 늘지 않아도 문제가 생깁니다. 재화와 서비스의 생산량이 늘었는데 통화량이 그대로라면 소비가 늘 수 없잖아요. 기업은 가격을 낮춰야 하지만 쉽진 않고, 사람들은 돈이 없으니 돈을 쓰려고 하지도

1000억 짐바브웨 달러 지폐. 2008년 기준으로 이 지폐로는 달걀 세 개를 살 수 있었다.

않을 테니까요. 그래서 나라의 경제 규모가 커지려면 통화량도 적절하게 늘어나야 합니다.

화폐 가치가 떨어져 물가가 올라가는 현상을 '인플레이션'이라고 해요. 인플레이션은 사업가나 부동산이 많은 사람이 좋아합니다. 물건과 부동산 가격이 오르면 이득을 보니까요. 그러나 평범한 직장인이나 재산이 없는 사람들은 고통을 받습니다. 이는 당백전의 일화에서도 볼 수 있는 현상이죠.

인플레이션과 반대로 물가가 계속 내려가는 현상은 '디플레이션'이라고 합니다. 디플레이션이 계속되면 소비자들은 앞으로 상품 가격이 더 내려갈 것이라고 생각해서 소비를 줄여요. 소비가 줄어들면 물건이 팔리지 않아서 기업은 생산을 줄이게 되고, 결국 일자리도 줄어들게 됩니다. 물가 하락이 불황을 부르고, 불황이 다시 물가 하락으로 이어지는 것이죠.

이처럼 인플레이션과 디플레이션 둘 다 정도가 지나치면 모두 경제에 나쁜 영향을 끼칩니다. 그래서 금융통화위원회는 시중에 돈이

1980년대 후반 호황을 누리던 일본 경제는 90년대에 이르러 불황으로 꺾어지기 시작했다. 불황은 20년 넘게 이어졌다.

너무 많이 풀려서 물가가 올라가면 물가 안정을 위해 금리를 올려서 통화량을 줄이고, 반대로 경제가 침체되면 경기 회복을 위해 금리를 내려서 통화량을 늘려요. 앞에서 설명한 통화 정책이 바로 이런 것입니다.

스태그플레이션stagflation

제2차 세계대전 전까지 경제 불황에는 물가가 하락했고, 호황에는 물가가 상승했는데, 1973년 오일 쇼크 이후에는 불황에도 물가가 계속 상승하는 현상이 발생했다. 이런 현상을 '경기 침체stagnation'에 '물가 상승inflation'을 합쳐서 '스태그플레이션stagflation'이라고 부른다.

원유의 가격이 오르자 기업들은 생산 비용이 상승하였으므로 상품 가격을 올릴 수밖에 없었다. 상품 가격이 올라가니까 소비자의 수요가 줄어 경기는 불황으로 접어들었다. 그러나 기업들은 생산 비용이 올라서 가격을 내릴 수 없었기에 불황에도 물가는 계속 상승했다. 미국의 경우 1차 오일 쇼크 직후인 1974년 경제성장률은 마이너스로 떨어졌는데 물가는 15퍼센트나 올랐다.

경제 활동은
통제되어야 할까

큰 정부의 등장

정부는 나라를 다스리는 방식에 따라 '작은 정부'와 '큰 정부'로 나눌 수 있습니다. 작은 정부는 개인의 자유와 권한을 존중하며 나라를 운영하지만, 국민의 생활이나 경제 활동에 적극적으로 개입하지 않아요. 반면 큰 정부는 국민의 생활이나 경제 활동에 적극적으로 관여하거나 통제하고, 복지를 비롯한 여러 사회 정책을 주도합니다.

큰 정부는 20세기 초에 등장했습니다. 그전까지는 국방과 치안을 담당하고, 최소한의 공공사업만 벌이며 경제 활동은 시장에 맡기는 것이 정부의 모습이었죠. 그런데 이러한 작은 정부로는 1929년에 발생한 세계 경제 대공황을 극복하는 것이 어려웠어요. 1933년 미국의 루즈벨트Franklin D. Roosevelt 대통령은 영국의 경제학자 케인스의 경제

돈을 찾으려고 뉴욕의 은행 앞에 모인 사람들. 대공황 당시 예금주들이 한꺼번에 돈을 찾으려는 뱅크런이 발생했다.

이론을 받아들여 정부의 역할이 변해야 한다고 생각했습니다.

케인스는 당시의 경제 불황을 소득이 감소해서 소비가 줄었기 때문에 일어났다고 판단했습니다. 줄어든 소비로 물건이 팔리지 않아 기업은 생산을 줄였고, 기업이 생산을 줄이니 일자리가 줄었다고 분석했지요. 그리고 소비가 늘어나려면 물건을 사고자 하는 절대적 수요가 아니라, 실제 물건을 살 돈이 뒷받침되는 유효 수요가 늘어야 한다고 보았습니다. 그래서 경제를 살리려면 정부가 먼저 재정을 풀거나 세금을 줄여서 사람들이 쓸 수 있는 돈을 늘려야 한다고 했지요.

루스벨트 대통령은 케인스의 처방에 따라 경제를 살리기 위해 정부가 앞장서서 사업을 벌이는 '뉴딜 정책'을 실시했어요. 미국 정부는 일자리를 늘리기 위해 테네시강 유역에 다목적댐과 병원, 다리, 공원 등을 건설했습니다. 돈을 풀어서 음악, 미술, 연극 등에 종사하는 많은 예술가의 활동을 지원하는 일도 했지요. 이처럼 정부가 국민의 생활에 적극적으로 관여하는 정부를 '큰 정부'라고 합니다. 정부가 정부 지출 또는 세금을 늘리거나 줄여서 경제 활동의 수준을 조절하는 정책은 '재정 정책'이라고 하고요.

다시 작은 정부로

뉴딜 정책 이후로 물건의 생산 규모는 대공황 이전 수준까지 회복되었고 실업률도 15퍼센트 이하로 떨어졌어요. 당시 사람들은 뉴딜 정책 덕분에 이러한 성과를 거둘 수 있었다고 생각했습니다. 덕분에 케인스는 20세기 최고의 경제학자라는 명성을 얻었죠.

그런데 케인스의 처방으로도 해결할 수 없는 현상이 발생하고 맙니다. 1970년대 오일 쇼크 이후 경제는 나빠지는데 물가가 계속 오르는 '스태그플레이션'이 발생했거든요. 상품 가격이 올라서 소비가 줄어들자 기업은 문을 닫고 실업자가 늘었어요. 그래서 사람들은 실

로널드 레이건 대통령(왼쪽)과 마거릿 대처 총리

업과 물가 상승이라는 이중고에 시달려야 했어요.

케인스는 실업을 줄이려면 정부 지출을 늘리라고 했는데, 정부가 지출을 늘리면 물가가 더 올라가게 됩니다. 만약 물가부터 안정시킨다고 정부가 지출을 줄이면 실업자는 더 늘어날 것이고요. 그러자 밀턴 프리드먼Milton Friedman을 비롯한 시카고학파 경제학자들이 등장해 다른 처방을 내놓았습니다. 그들은 물가 상승과 실업 둘 다 문제일 때는 우선 물가 상승부터 잡아야 한다고 판단했지요. 정부가 경제에 개입하면 경제의 효율성과 형평성이 오히려 떨어지므로, 정부는 자유로운 경제 활동이 이루어질 환경만 만들어주면 된다고 했습니다. 큰 정부에서 벗어나 다시 작은 정부로 돌아가자는 것이지요.

미국의 로널드 레이건 대통령Ronald Wilson Reagan과 영국의 마거릿 대처 총리Margaret Hilda Thatcher는 이런 의견을 받아들여 정부 지출을 줄이고 강력한 긴축 정책을 폈습니다. 기업들이 문을 닫고 실업자가 늘어나더라도 물가를 먼저 잡으려 했어요. 대신 규제를 풀고 세율을 내려서 기업들의 생산과 투자를 부추겼습니다. 결과적으로 물가가 안정되고 생산과 소비가 살아나면서 미국과 영국의 경제가 부활했습니다.

그러나 레이건과 대처의 정책은 사회적 불평등을 키우는 부작용을 남겼어요. 기업의 이윤을 높이기 위해 노동자의 임금 상승을 억누르고 재정 지출을 줄여 복지를 축소했기 때문입니다.

정부와 시장의 조화

2008년 금융 위기로 경제 침체가 길어지자 사람들은 경제 활동에서 시장과 정부의 역할을 다시 짚어 보게 되었습니다. 정부가 큰 이윤을 바라는 개인과 기업의 탐욕을 통제하지 못했기 때문에 금융 위기가 발생했다고 보는 경제학자들이 많았거든요.

그러면서 미국의 경제학자 폴 새뮤얼슨Paul Anthony Samuelson의 이론이 주목을 받게 됩니다. 새뮤얼슨은 경제에서 정부와 시장의 역할이 모두 중요하다고 했어요. 실업 문제가 심각하면 단기적으로 실업을 줄이기 위해 정부가 경제 활동에 적극적으로 개입해야 하지만, 시장이 균형을 찾으면 수요와 공급에 따라 자율적으로 움직이도록 간섭을 줄여야 한다고 했습니다. 시장과 정부가 서로 돕는 환경을 만들어야 한다는 견해가 설득력을 얻게 된 것이죠.

경제가 성장했다는 것을 어떻게 알 수 있을까

파이가 커지다

혹시 '파이가 커졌다'라는 말을 들어 본 적 있나요? 이는 경제 규모를 나누어 먹는 파이로 빗대어 경제가 성장했다는 것을 표현하는 말입니다. 이러한 경제 성장은 경제 뉴스에서 자주 볼 수 있죠. '경제 성장'이란 작년보다 나라의 경제 규모를 나타내는 '국내총생산'이 늘어났다는 뜻입니다. 예를 들어 지난해 하루 평균 빵을 300개씩 만들었던 나라에서 올해는 생산량이 늘어나 빵 350개를 만들게 되었다면 경제 규모가 커진 것이라고 할 수 있어요.

국내총생산이란 일정한 기간에 나라 안에서 새로이 생산된 재화와 서비스의 가치, 즉 '부가 가치의 합'으로 'GDPGross Domestic Product'라고 합니다. 나라 안에서 생산된 모든 것, 즉 생산된 재화와 서비스의 합이 바로 국내총생산이지요.

어느 나라의 GDP가 커졌다면 그 나라의 생산 규모가 커져서 경제적으로 더 부유해진 것을 뜻합니다. 그러니까 경제 성장의 정도를 알려 주는 '경제성장률'은 GDP의 규모가 커진 정도를 알려 주는 지표입니다. 이것을 수치로 나타낼 수 있는 식도 있지요.

$$경제성장률 = \frac{(올해\ 실질\ GDP - 지난해\ 실질\ GDP) \times 100}{지난해\ 실질\ GDP}$$

'실질 GDP'란 물가 상승이 GDP에 미친 영향을 제외한 것입니다. 일정한 기간 나라 안에서 새로이 생산된 재화와 서비스의 가치를 모두 합한 금액을 '명목 GDP'라고 해요.

만약 올해 물가가 작년보다 전체적으로 3퍼센트 올랐다면, 올해와 지난해의 생산량이 그대로여도 명목 GDP는 3퍼센트가 커집니다. 이처럼 물가 상승을 고려하지 않고 비교하면 경제 규모는 변함이 없는데 경제는 성장했다고 착각할 수 있어요. 이런 모순을 없애려면 지난해와 올해의 실질 GDP로 비교해야 합니다.

실질 GDP로 비교하기 위해서는 '기준연도'를 알아야 합니다. 기준연도란 지수를 측정하거나, 정책을 수립할 때 기준으로 삼거나 비교의 대상으로 삼는 연도를 말합니다. 실질 GDP는 일정한 기준연도를 정하고 명목 GDP를 기준연도의 가격으로 환산하면 구할 수 있어요. 이렇게 계산한 실질 GDP가 지난해 100억 달러였는데 올해 105억 달러가 되었다면 올해의 경제성장률은 5퍼센트가 되는 것입니다.

경제의 기초 체력

경제성장률이 높다는 것은 나라에서 일어나는 소비와 생산이 활발하다는 뜻입니다. 경제 규모가 커지면 일자리가 늘어나고 사람들이 벌어들이는 소득 수준도 높아져요. 그렇다면 경제성장률은 높을수록 좋은 것 같기도 하지만, 과연 그럴까요? 경제성장률이 높아도 생산할 수 있는 요소가 없으면 생산은 불가능합니다. 앞서 팁으로 설명한 생산 요소가 있어야 하죠. 만약 국가에 생산 요소가 부족하면 어떨까요?

기업들은 돈을 더 쓰더라도 부족한 생산 요소를 구해야만 합니다. 소비자들도 기업의 생산이 늘지 않는 만큼 높은 가격을 내면서 소비를 해야 하겠죠. 이처럼 경제가 감당할 수 있는 수준보다 더 빨리 성장하면, 물가가 상승하면서 다양한 부작용을 겪게 됩니다. 파이를 무리해서 허겁지겁 먹다 보면 배탈이 나는 것과 비슷하다고 볼 수 있어요.

이러한 현상을 방지하기 위해 '잠재성장률'이라는 수치가 필요합니다. 잠재성장률은 한 나라의 경제가 지닌 모든 생산 요소를 사용해 부작용 없이 달성할 수 있는 최대 경제성장률을 뜻해요. 말하자면 건강을 유지하며 소화할 수 있는 파이가 어느 정도인지 보여 주는 지표라고 할 수 있습니다. 따라서 경제는 잠재성장률과 가깝게 성장하는 것이 가장 좋습니다.

물론 한 나라의 잠재성장률은 높을수록 좋습니다. 경제 규모가 성장할 수 있는 기초 체력이 그만큼 탄탄하다는 뜻이니까요. 마치 사람이 신체 활동도 활발하고 키도 쑥쑥 자라는 나이에 먹기도 잘 하는 상태랑 비슷합니다.

국민의 생활 수준

'국민소득'은 '국민총소득Gross National Income, GNI'을 줄인 말로, 한 나라의 국민이 일정 기간에 벌어들인 돈을 모두 합한 수치입니다. 만약 모든 국민이 자신의 나라에서만 생산에 참여하고, 생산을 함께하는 외국인이 한 명도 없다면, GDP와 국민총소득은 거의 비슷할 것입니다. 그런데 세계은행의 자료에 따르면 2022년 한국의 GDP는 1조 6652억 달러였고, 국민총소득은 1조 8580억 달러였어요. 왜 차이가 날까요?

앞서 보여 준 예시와는 반대로 한국인이 외국에서 일해서 돈을 버는 경우가 있습니다. 외국인이 한국에서 돈을 벌기도 하죠. 그런데 국민총소득이 GDP보다 큰 것은 외국에서 일해 돈을 버는 한국인의 소득 합계가 한국에서 일해서 돈을 버는 외국인의 소득 합계보다 많기 때문입니다.

국민총소득은 국민 전체의 소득을 말하는 것이기 때문에 이것만으로는 국민의 평균적인 생활 수준을 파악할 수 없습니다. 그래서 한 나라 국민의 실제 생활 수준을 짐작하려면 국민총소득을 그 나라의 인구수로 나누어서 얻어지는 수치인 '1인당 국민총소득'을 알아야 해요. 경제 뉴스에서 자주 듣게 되는 1인당 국민소득은 1인당 국민총소득을 줄인 말입니다. 세계은행의 자료에 따르면 2023년 한국의 1인당 국민소득은 3만 5745달러였습니다.

파이를 공정하게 나눌 방법은 없을까

월스트리트를 점령하라!

2008년 9월 15일, 160년 역사를 자랑하는 투자 금융사인 리먼 브라더스가 무너지면서 세계는 1929년 대공황 이후 가장 큰 경제 위기를 맞이하게 되었습니다. 시간이 지나 경제 불황으로 인한 불안감이 세계를 지배했던 2011년 9월 17일, 뉴욕 맨해튼의 월스트리트에서는 커다란 시위가 벌어졌어요. 경제를 걱정하는 젊은이들이 '월스트리트 시위'를 일으켰지요. 미국 정부가 리먼 브라더스 사태 이후 금융회사를 살리기 위해 천문학적 규모의 세금을 지원했으나, 월스트리트 금융회사의 CEO들이 엄청난 퇴직금을 받고 떠나는 등 부적절하게 사용한 것이 드러났기 때문입니다. 그리하여 부도덕한 금융 자본가를 규탄하는 젊은이들의 시위가 벌어지게 되었어요. "월스트리

월스트리트 시위 현장

트를 점령하라"라는 구호와 함께 "최고 부자 1퍼센트에 저항하는 99
퍼센트 미국인의 입장을 대변한다", "매일 아침 일어나서 방값, 끼니
걱정을 하지 않게 해 달라"라고 외쳤습니다. 이후 시위는 미국의 주
요 도시로 번져 나갔고, 10월에는 전 세계로 퍼졌습니다. 1퍼센트와
99퍼센트의 차이는 얼마나 컸기에 시위가 일어났던 것일까요?

	2009년 평균 소득	2009~2010 소득 변화	2009~2010 소득 변화 (자본 이득 제외)
상위 1퍼센트	913,451	105,637	42,685
하위 90퍼센트	41,696	80	−44
하위 99퍼센트	29,967	−127	−201

미국인의 평균 소득   (단위: 미국 달러)

　미국은 세계에서 경제 규모가 가장 큰 나라입니다. 쉽게 말해 국민
이 나눠 먹을 수 있는 파이의 크기가 세계에서 가장 크다는 것이죠.
그런데 위의 표가 말해주듯이 사람들에게 나누어진 몫에는 큰 차이
가 있었습니다. 2009년 기준으로 상위 1퍼센트는 하위 99퍼센트보
다 30배가 넘는 크기의 파이를 가져가고 있어요. 게다가 금융 위기
를 거치며 파이 크기의 불균형은 더욱 심해졌지요. 그래서 박탈감을
느낀 청년들이 분노를 터뜨리며 거리로 나왔던 것입니다.

복지국가의 등장

자본주의가 만든 모순과 불평등에 저항하는 운동은 월스트리트 시위 이외에도 역사적으로 많이 있었어요. 이러한 움직임은 오늘날 많은 국가가 복지 제도를 갖추고 국민에게 최소한의 파이를 보장하는 데 앞장서도록 만들었습니다.

앞에서 산업혁명을 거치며 경제가 얼마나 빨리 성장했는지 언급했었죠. 하지만 경제가 성장했다고 해서 모든 사람이 경제 성장의 혜택을 누리진 못했어요. 공업이 발전하면서 자본가라는 새로운 소수의 지배 계급이 생겼고, 많은 사람은 임금을 받고 일하는 노동자가 되었거든요. 노동자들은 열악한 환경에서 하루 14시간 동안 낮은 임금을 받으며 일했습니다. 생활 환경도 공동 주택의 침대 한 개를 서너 명이 번갈아 사용하거나, 화장실 하나를 10여 세대가 공동으로 사용할 정도로 비참했어요.

노동자의 삶이 날로 비참해지자 경제 환경을 뿌리째 바꾸어야 한다는 사람들이 나타났습니다. 이들은 기계 같은 생산 수단을 소수의 자본가가 아니라 모두가 공동으로 소유하고 관리해야 한다고 주장했어요. 이러한 사상을 '사회주의'라고 합니다. 카를 마르크스Karl Marx 같은 사상가들은 한 걸음 더 나아가 혁명으로 노동자를 위한 세상을 만들어야 한다는 급진적인 주장을 펼쳤습니다.

하지만 1871년 독일 제국의 초대 수상인 오토 폰 비스마르크Otto von Bismarck는 사회주의를 반대했어요. 그는 사회주의가 퍼져 나가는 것을 국가의 통합을 무너뜨리는 위협으로 느꼈습니다. 그렇지만 비스마르크는 노동자들이 사회주의에 동조하는 이유를 잘 알고 있었어요. 그래서 노동자의 인간다운 생활을 보장하는 사회 복지

〈오토 폰 비스마르크 초상화Otto von Bismarck〉,
프란츠 폰 렌바흐Franz von Lenbach

제도를 설계했습니다. 의료비를 지원하는 '의료보험(1883년)', 산업 현장에서 다친 노동자를 돕는 '재해보험(1884년)', 은퇴한 노인들을 위한 '노령연금 제도(1889년)' 등을 도입하며 복지국가의 원형을 만든 것입니다.

제2차 세계대전 이후 세계 많은 국가가 비스마르크가 설계한 사회 복지 정책을 받아들였습니다. 복지국가는 자본주의의 장점을 유지하면서도 국가의 개입으로 자본주의의 모순을 해결하는 이상적인 국가의 모습처럼 보였거든요. 우리나라의 '국민연금', '건강보험', '고

용보험', '산재보험' 등 4대 보험도 여기에 뿌리를 두고 있습니다.

비스마르크의 복지 제도처럼 세금으로 불평등을 완화하는 정책을 '소득 재분배 정책'이라고 합니다. 지금도 많은 국가에서 소득 재분배 정책을 시행하고 있어요. 소득이나 재산이 많을수록 더 높은 세율을 적용하는 '누진세율'을 활용하지요. 우리나라에서도 개인이나 기업이 벌어들인 돈에 붙는 소득세와 법인세, 부동산이나 토지 같은 재산을 보유할 때 내는 재산세 등에 누진세율을 채택했죠. 또 값비싼 상품이나 서비스를 구입할 때 내는 특별소비세, 자녀가 부모의 재산을 물려받을 때 내는 증여세처럼 부자들이 주로 부담하는 세금도 걷습니다.

소득 불평등을 알려 주는 지표

각 나라 정부들은 소득 재분배 정책이 제대로 효과를 거두고 있는지 검증하기 위해 '로렌츠 곡선Lorenz curve'과 '지니계수' 등 소득 불평등 정도를 알려 주는 지표를 활용합니다.

로렌츠 곡선은 미국의 통계학자 로렌츠M. O. Lorenz가 개발한 소득의 불균등을 나타내는 곡선입니다. 로렌츠 곡선을 그리려면 먼저 국민을 소득이 낮은 사람부터 높은 사람 순으로 나열해야 합니다. 그리고 가로축에는 인구의 누적 비율, 세로축에는 소득 금액의 누적

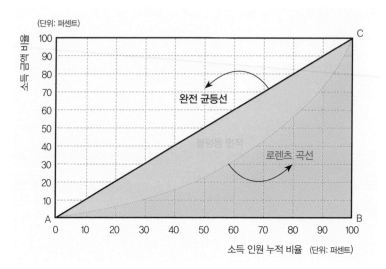

로렌츠 곡선

비율을 표시합니다. 45도로 기울어진 선은 '완전 균등선'으로, 누적 인구와 누적 소득이 같은 비율로 증가하므로 완전한 평등을 나타내요. 완전 균등선에 가까울수록 소득이 평등하게 분배된다는 것이며, 곡선이 많이 휠수록 소득 분배가 불평등하다는 의미입니다. 따라서 완전 평등선과 로렌츠 곡선 사이의 면적이 클수록 불평등도가 커지는데, 이를 '불평등 면적'이라고 해요.

$$지니계수 = \frac{불평등\ 면적}{삼각형\ ABC의\ 면적}$$

지니계수는 로렌츠 곡선이 나타내는 불평등 정도를 0부터 1까지의 수치로 나타낸 계수입니다. 이탈리아의 인구통계학자 코라도 지니Corrado Gini가 만든 지니계수는 값이 '0'(완전 평등)에 가까울수록 평등하고 '1'(완전 불평등)에 가까울수록 불평등하다고 설명했어요. 일반적으로 지니계수가 0.4를 넘으면 소득 분배가 상당히 불평등한 사회라고 해요. 월스트리트 시위가 시작되었던 미국의 지니계수는 1990년대 후반부터 꾸준히 0.4를 웃돌고 있습니다.

지니계수는 '처분가능소득 기준 지니계수'와 '시장소득 기준 지니계수'가 있어요. 경제 뉴스에서의 지니계수는 보통 처분가능소득 기준 지니계수입니다. 처분가능소득이란 시장소득에서 공적이전소득을 더하고 공적이전지출을 뺀 소득이에요. 시장소득은 직접 벌어들인 근로소득, 사업소득, 재산소득의 합계에서 사적이전소득을 더하고 사전이전지출을 뺀 소득이고요.

한국의 지니계수 변화를 살펴보면 시장소득 기준 지니계수는 개선이 덜 되었지만, 처분가능소득 기준 지니계수는 제법 낮아졌어요. 이는 정부의 소득 재분배 정책이 소득 불평등 정도를 줄이는 데 성

생산 활동과 무관하게 대가 없이 받은 돈을 이전소득, 지출한 돈을 이전지출이라고 한다. 사적이전소득은 용돈이나 축의금, 기부금처럼 개인이나 비영리단체로부터 무상으로 받는 돈이고, 사적이전지출은 반대로 개인이나 비영리단체에 무상으로 준 돈이다. 공적이전소득은 노령연금이나 실업급여 같은 사회보험금이나 기초연금 같은 공공부조금으로 국가로부터 받은 돈이고, 공적이전지출은 세금, 사회보험료 등 국가에 내는 돈을 뜻한다.

과를 거두었다는 의미입니다. 부유한 사람들에게 세금을 더 걷어 가난한 사람들을 위한 복지 혜택을 늘렸기 때문이죠.

연도	시장소득	처분가능소득
2011	0.418	0.388
2012	0.411	0.385
2013	0.401	0.372
2014	0.397	0.363
2015	0.396	0.352
2016	0.402	0.355
2017	0.406	0.354
2018	0.402	0.345
2019	0.404	0.339
2020	0.405	0.331
2021	0.405	0.333
2022	0.396	0.324

한국의 지니계수

복지는 공짜가 아니다

건강한 사회를 유지하려면 국민 모두에게 파이가 공정하게 분배되어야 합니다. 불평등하고 공정하지 않은 사회라면 갈등이 생길 테니까요.

그러나 공정한 분배가 모두 똑같이 나누어 가져야 함을 뜻하는 것은 아닙니다. 분배만 강조하고 열심히 일한 사람들에게 제대로 대가를 주지 않는 것도 공정하다고는 할 수 없어요. 노력에 대한 보상을 받지 못하면 생산과 투자를 하려는 의욕이 떨어지며 파이 전체의 크기가 줄어들 수도 있기 때문입니다. 20세기 말 공산주의 경제 체제를 채택했던 소련과 동유럽 국가들이 자본주의 사회의 발달 속도를 따라잡지 못하고 무너졌던 것처럼 말이지요.

게다가 복지를 위해 쓰는 비용은 공짜가 아닙니다. 정부가 쓰는 돈은 국민의 세금이니까요. 경제협력개발기구OECD의 자료에 따르면 세계에서 가장 사회 복지 제도가 발달한 북유럽 국가에서는 국민이 GDP의 40퍼센트가 넘는 돈을 세금으로 내고 있습니다. 한국도 사회 복지 제도가 늘어나면서 세금이 계속 높아지고 있어요. 1999년까지 20퍼센트를 밑돌았던 한국의 조세 부담률은 2020년대 들어 30퍼센트 수준에 이르게 되었습니다.

국민이 부담해야 할 세금이 늘어나면 '조세 저항'이 나타납니다.

최초로 경제학과가 설립된 케임브리지대학교

세금을 부과하는 것이나 금액 자체가 부당하다고 생각하는 현상이에요. 이때 많은 정부가 빚을 내서 재원을 확보하려는 유혹에 빠집니다. 정직하게 국민의 이해를 구하고 세금을 늘리는 대신, 손쉽게 국채를 발행하고 국가 채무를 늘리는 것이죠. 그렇지만 이런 방식은 부모가 빚을 내어 생활하고, 그 빚을 자녀에게 갚으라는 말과 마찬가지입니다. 국가 채무란 나중에 미래 세대가 갚아야 할 빚이니까요. 당대를 살아가는 세대가 잘 살기 위해 미래 세대가 먹어야 할 파이를 가져가는 것이 옳은 일일까요?

경제학자 알프레드 마샬Alfred Marshall은 1903년 영국 케임브리지대학교에 세계 최초로 경제학과를 만드는 데 앞장섰습니다. 그는 가난한 사람들의 생활이 나아질 방법을 고민하다가 경제학에 관심을 갖게 되었어요. 가난한 사람들을 도우려면 제대로 된 경제 교육이 필요하다고 생각했거든요. 그는 경제학자라면 '냉철한 머리와 따뜻한 가슴'을 가져야 한다고 강조했습니다. 냉철한 머리로 과학적 사

고를 하며 경제 문제를 분석하는 동시에 사람들에 대한 애정을 가슴에 품고 있어야 한다는 말이지요.

파이를 공정하게 나누는 일은 우리가 해결해야 할 가장 중요한 경제 문제입니다. 그렇다면 누구에게 얼마나 파이가 돌아가게 하는 것이 공정한 분배일까요? 냉철한 머리와 따뜻한 가슴을 가지고 생각해야 할 문제입니다.

마르크스는 왜 자본주의를 연구했을까

역사를 살펴보면 언제나 지배 계급과 피지배 계급이 있었습니다. 지주와 농민으로 나누어지던 농업시대의 지배 계급과 피지배 계급은 자본주의가 발달하면서 공장과 땅을 소유한 자본가와 노동자가 되었죠.

독일의 경제학자인 카를 마르크스와 프리드리히 엥겔스Friedrich Engels는 자본주의 사회에서는 소수 자본가가 모든 이익을 독점하고 다수 노동자의 생활 수준은 시간이 흐를수록 나빠질 것이라고 예측했습니다. 이런 환경을 바꾸려면 혁명이 필요하다고 판단했던 이들은 1848년 2월 공산주의자 동맹의 조직 강령인 《공산당 선언》이라는 작은 책자를 발간했어요. "지금까지의 모든 사회의 역사는 계급투쟁의 역사이다"라고 강조하며, "전 세계의 노동자여, 단결하라"라고 외쳤습니다.

이들은 계급 간의 갈등을 없애려면 결국 계급이 없는 사회가 되어야 하고, 이런 사회의 주인공은 노동자여야 한다고 주장했습니다.

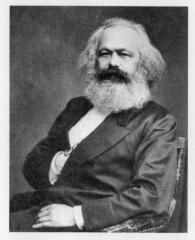

카를 마르크스(왼쪽)와 프리드리히 엥겔스

자본주의를 몰락시키고 노동자를 위한 세상을 만드는 과정에서 사회경제적 피해를 최소화하는 유일한 방법이 혁명이므로 폭력은 불가피하다고 보았고요. 그래서 이들은 전 세계 노동자를 향해 단결해서 사회를 바꾸자고 했던 것입니다.

급진주의적 사회 활동이 문제가 되어 마르크스는 독일에서 추방되었습니다. 1849년 영국 런던으로 이주한 그는 궁핍한 생활을 이어가며 자본주의 체제의 지나친 이윤 추구와 빈부 격차, 비인간적인 노동 착취를 설명하기 위한 연구에 몰두했어요. 그 결과물이 바로 1860년대 초반부터 20년에 걸쳐 집필한 《자본론》입니다.

마르크스가 《자본론》에서 정리한 자본주의의 특징 첫 번째는 공장과 토지 같은 생산 수단이 사적으로 소유된다는 것입니다. 두 번

《공산당 선언》(왼쪽)과 《자본론》

째로 생산물은 상품의 형태로 시장에서 거래되는데, 노동력도 하나의 상품처럼 거래된다고 지적했죠. 마지막은 자본가가 수단과 방법을 가리지 않고 더 많은 이윤을 얻으려 한다는 점입니다.

마르크스는 상품의 가치를 '사용 가치'와 '교환 가치'로 나누었어요. 사용 가치는 상품을 사용해서 얻을 수 있는 가치입니다. 교환 가치는 서로 다른 가치를 지니는 상품 사이의 교환 비율이며, 교환 가치를 화폐로 나타낸 것이 '가격'이라고 했어요. 그는 상품의 가치가 상품 생산에 들어간 노동량, 즉 노동 시간에 의해 결정된다고 보았습니다. 그런데 자본가는 노동자가 생산한 가치보다 훨씬 적은 임금을 주고 나머지는 자신의 이윤으로 가져가므로 잉여 가치를 차지한 다고 보았지요. 마르크스의 시각으로 자본주의 경제 형태를 정리하면 다음과 같습니다.

- 잉여 가치를 만드는 것은 노동자의 노동이므로, 자본가의 이윤은 노동자의 몫을 착취한 것이다.
- 생산 규모가 커질수록 투자에 비해 이윤율은 낮아지므로, 자본주의 경제가 발전할수록 자본가의 이윤은 줄어든다.
- 자본가 사이에 치열한 경쟁이 벌어지면 과잉 생산이 이루어져서 불황을 겪게 되며, 경제는 혼란에 빠진다.
- 소수의 자본가에게 부가 집중되어 빈부 격차가 커지면 노동자의 삶은 더욱 빈곤해진다.
- 노동자의 빈곤이 심해질수록 계급 투쟁은 강화되어, 결국 자본주의는 무너지게 된다.

자본주의를 역사의 한 과정으로 보고 결국 무너질 것이라고 했던 마르크스의 예측은 빗나갔습니다. 그런데 2008년 금융 위기로 자본주의 체제의 모순이 드러나면서, 세계 곳곳에서 《자본론》을 읽는 사람이 늘었다고 해요. 왜 그럴까요?

자본주의 체제의 모순을 극복하려면 먼저 자본주의 사회의 경제적 운동 법칙을 알아야 했어요. 그런데 《자본론》에서 분석한 자본주의는 마르크스의 예측이 빗나간 것과 달리 귀 기울일 점이 많았거든요. 사람들은 현대 경제 체제의 모순을 해결하고 싶어서 마르크스의 《자본론》을 읽었다고 합니다.

5장

세계와
경제

무역은 언제부터 시작됐을까

바다의 개척자, 페니키아인

무역은 나라마다 환경, 기술력, 임금 수준 등이 달라 이루어집니다. 그래서 무역은 나라 간에 재화나 서비스를 사고파는 것을 말하지만, 원래는 서로 다른 지역 간의 물품 거래라는 뜻이었어요. 길도 없고 교통수단도 발달하지 않았던 시절의 무역은 엄청나게 불편하고 위험했지요. 그렇지만 청동 기술이 알려지면서 많은 나라에서 위험하더라도 무역에 도전했습니다. 청동의 원료인 구리와 주석을 생산할 수 있는 지역이 많지 않았거든요. 그들은 청동을 수입해서 도구와 무기를 만드는 데 사용했습니다.

자원이 부족했던 페니키아인은 최초로 바닷길을 개척하며 무역을 했던 민족입니다. 이들이 살았던 시리아 산맥과 지중해 사이 지역은

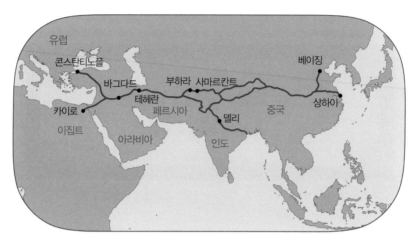

실크로드 교역망

너무 좁아서 농사지을 땅이 부족했거든요. 그래서 페니키아 사람들은 기원전 13세기 무렵 바다로 나아갔습니다. 동부 지중해의 해안선을 따라 항해하며 살기 좋은 땅을 찾아냈고, 그곳에 여러 도시 국가를 건설했지요. 기원전 10세기부터는 밀과 기름, 포도주, 직물 등을 배에 싣고 지중해 연안에서 무역에 나섰습니다. 페니키아인들이 취급했던 주요 품목은 레바논의 목재, 키프로스의 주석, 이베리아반도의 납이었어요.

페니키아인의 무역 이후 동서양을 가로지르는 무역도 활발해졌습니다. 그중 비단길이라고 불리는 실크로드는 기원전 2세기에 생긴 길입니다. 지금의 중국 대륙과 중앙아시아, 서아시아, 유럽, 아프리카의 지중해를 잇는 긴 교역망이었어요. 이 길을 통해 서양으로 팔렸던 한나라의 대표적인 특산물이 비단이라서 실크로드라고 불렸습니다.

당시 한나라는 종이, 화약, 비단 등을 수출했습니다. 특히 인기가 높았던 비단은 중앙아시아와 서아시아를 거쳐 로마에서도 팔렸어요. 한나라로는 옥이나 보석, 유리 제품, 석류와 오이, 수박 등이 들어왔습니다.

실크로드는 물건뿐만 아니라 동양과 서양의 문화를 교환하는 중요한 길이기도 했어요. 한나라에서 건너간 종이 만드는 기술은 유럽의 인쇄술 발달에 큰 영향을 주었습니다. 그리고 불교 경전을 가지고 실크로드를 건넌 인도 스님들로 인해 한나라에서는 불교가 번성했어요.

콜럼버스와 마젤란의 항해

1492년 크리스토퍼 콜럼버스Christopher Columbus는 스페인의 팔로스 항에서 항해를 시작해 지금의 바하마 군도 위치에 있는 어느 섬에 도착했어요. 역사에서는 이를 '아메리카 대륙 발견'이라고 합니다. 콜럼버스가 도착한 곳은 아메리카 대륙 중 '과니하니'라는 곳으로 콜럼버스는 이곳을 '산살바도르'라고 이름 붙였어요. 그런데 왜 이곳에 살았던 사람들을 인디언이라 부르고, 그가 도착한 섬 근처 지역

콜럼버스는 신항로 개척이라는
업적을 세우긴 했지만,
이후 선주민을 학살하고 탄압했다는
사실이 밝혀지면서
크게 지탄받았어.

〈아메리카 대륙에 도착한 콜
럼버스Columbus taking possession
of the new country〉, 보스턴 판
화업체 루이스 프랑&컴퍼니L
Prang & Co., Boston

오르텔리우스Ortelius의 지도책 《세계의 무대》에
묘사된 마젤란의 빅토리아호

을 서인도제도라고 부르는 것일까요? 그것은 콜럼버스의 항해 목적

지가 인도였기 때문입니다.

콜럼버스에 이어 페르디난드 마젤란Ferdinand Magellan도 스페인에

서 항해를 떠났어요. 1519년 스페인의 세비야항에서 출발했던 마젤

란은 남서쪽으로 나아갔습니다. 그가 건너간 해협에 '마젤란 해협'이

라는 이름이 붙여졌죠. 마젤란은 마젤란 해협을 지나 1521년에 괌에

도착했어요. 마젤란은 필리핀 막탄섬에서 벌어진 선주민과의 전투

중에 세상을 떠났지만 살아남은 사람들은 다시 배를 탔고, 1522년에 세비야항으로 돌아왔습니다. 3년 동안의 항해가 막을 내렸죠.

콜럼버스와 마젤란은 왜 이런 위험한 항해에 나섰을까요? 이들의 탐험은 후추를 비롯한 동양의 향신료 무역에 눈독을 들였던 포르투갈과 스페인의 경쟁 때문이었습니다. 유럽에서는 고기 누린내를 없애려고 후추를 사용했는데, 당시 후춧가루 가격은 금가루 가격과 맞먹을 정도로 비쌌어요. 후추는 인도에서만 생산되었고, 이슬람 상인과 이탈리아 상인의 손을 거친 후 유럽시장에서 거래되었거든요. 인도에서 직접 후추를 가져온다면 엄청난 돈을 벌 수 있어서 포르투갈과 스페인은 인도로 가는 뱃길을 먼저 발견하려고 탐험가들을 지원했습니다.

이들의 탐험으로 16세기에 유럽과 아메리카 대륙, 아시아에 이르는 뱃길이 열렸습니다. 덕분에 향신료, 도자기, 차와 비단의 무역량이 크게 늘었어요. 아메리카에서만 재배되었던 담배, 감자, 고구마, 옥수수, 코코아 등 다양한 식물이 유럽과 아시아에 전해져 사람들의 생활도 달라졌습니다.

무역을 하면 누가 이득일까

무역의 장단점

옛날에는 눈에 보이는 상품이 주로 거래되었으나 현재는 기술과 서비스도 활발하게 거래됩니다. 수출을 하기 위해 경쟁력 있는 산업에 집중적으로 투자하면서 기술도 발전하죠. 그러니 수출을 하는 나라는 무역을 하면 큰 이득을 보게 되는 것입니다.

그럼 수입국은 무역을 하면 손해일까요? 그렇지 않습니다. 수입국의 소비자들에게도 이점이 있습니다. 가장 큰 이득은 물가가 안정된다는 점입니다. 다른 나라의 상품을 들여온다면, 상품이 많아져 물가가 낮아지기 때문에 소비자들은 더 싼 값에 상품을 살 수 있어요. 또 다양한 상품을 선택할 수 있어 소비자 만족도도 높아집니다. 해외에 가지 않아도 한국에서는 아직 재배하기 힘든 파인애플, 망고스

메이드 인 코리아 라벨이 붙은 티셔츠

틴 같은 열대 과일을 즐길 수 있는 것처럼 말이지요.

하지만 수입국의 생산자들은 무역 때문에 피해를 입을 수도 있습니다. 예를 들어 우리나라에서 옷을 만드는 기업은 중국, 베트남에서 값싼 의류를 수입하는 것을 반기지 않을 거예요. 수입 의류가 들어와 경쟁이 치열해지면 의류 가격이 전반적으로 떨어지고 생산자의 이윤은 줄어들거든요. '메이드 인 코리아Made in Korea' 의류가 잘 팔리지 않으면, 한국의 공장에서 일하던 직원들도 일자리를 잃을 수 있습니다.

자유무역 대 보호무역

앞서 살펴본 것처럼 무역을 하면 경제는 대부분 성장하지만, 일부는 피해를 볼 수밖에 없습니다. 그래서 역사적으로 경제적 가치를 중시해 무역을 활발히 장려하는 '자유무역주의'와 국내 산업 보호를 위해 무역을 제한하는 '보호무역주의'가 번갈아 지지를 얻습니다.

자유무역주의은 국가가 무역에 간섭이나 보호를 하지 않고 자유롭게 무역을 하도록 장려하는 정책입니다. 산업혁명 이후 다른 나라보다 기술력이 앞섰던 영국은 자유무역 정책을 시행해 국가의 이익을 극대화하려고 했습니다.

그러나 영국보다 공업화가 늦었던 미국과 독일은 자유무역으로 인해 국내 산업이 위협받을 것을 우려해서 보호무역주의를 지지했어요. 보호무역주의는 국내 산업을 보호하고 발전시키기 위해 외국 상품의 수입을 제한하는 정책이에요.

제1차 세계대전 후 나라들은 수입을 제한하기 위한 무역 장벽을 높였습니다. 가장 대표적인 무역 장벽은 수입품에 매기는 세금, 즉 '관세'를 내게 하는 것이죠. 또 품목별로 수입량을 제한하는 쿼터제, 수입 상품에 대한 허가를 요구하는 수입허가제, 별도로 정해진 기준에 맞는 상품만 수입할 수 있는 제도, 국내 생산품에 대해 보조금을 지급하는 제도 같은 '비관세 장벽'을 쌓기도 합니다.

WTO의 회원국 지도. 진한 녹색은 회원국,
연두색은 EU 동시 가입 회원국, 파란색은
참관국, 회색은 미가입국이다.

세계무역기구는
국가들이 자유롭게
무역을 할 수 있게 도와.
그런데 요즘은 자유 무역보다
보호 무역을 하려는 국가가
늘고 있어.

보호무역이 제2차 세계대전의 원인 중 하나로 보았던 미국과 유럽 국가들은 세계 경제를 살리려면 자유무역을 늘려야 한다고 판단했습니다. 1947년 미국을 비롯한 23개국이 제네바에서 관세와 무역 장벽을 낮추기 위해 '관세 및 무역에 관한 일반협정General Agreement on Tariffs and Trade, GATT'을 맺었어요. 이어 1995년에는 자유무역 확대를 목표로 '세계무역기구World Trade Organization, WTO'가 출범하면서 자유무역의 흐름은 거스를 수 없이 거세졌습니다. WTO는 각 나라의 무역 정책을 감시하거든요. 어느 나라가 높은 관세를 매기면 이를 내리라고 요구하고, 규칙을 어긴 국가에 무역 제재도 가할 수 있기 때문입니다.

그러다 2010년대 후반부터는 미국 주도로 무역 질서가 다시 바뀌고 있습니다. 중국이나 멕시코에서 생산한 값싼 물건들이 물밀듯이 수입되니까 무역 적자가 커지고, 미국에 있던 공장이 문을 닫으며 일자리를 잃은 노동자들의 불만도 쌓였거든요. 경제 대국인 미국이 돌아서자 세계는 다시 보호무역주의로 바뀌고 있습니다.

국제 거래의 성적표, 경상 수지

국제 거래를 한 뒤 교역을 잘했는지 따져 보려면 '국제 수지'를 보아야 한다. 국제 수지는 일정 기간에 다른 나라와 했던 국제 거래를 정산한 결과다. 국제 수지는 크게 '경상 수지'와 '자본·금융계정'으로 나누어진다.

경상 수지는 다른 나라와 상품과 서비스를 사고팔면서 오간 돈을 정산한 것이다. 받은 돈이 낸 돈보다 더 많으면 경상 수지 흑자, 반대 경우는 경상 수지 적자라고 부른다. 국가가 세계시장에서 지닌 경쟁력을 보여 주기 때문에, 흔히 경상 수지를 대외교역의 성적표라고 비유한다.

국가 간에는 상품과 서비스 거래 외에도 여러 이유로 돈이 오간다. 외국 기업 주식에 투자하거나 해외 부동산을 살 수도 있고, 해외 투자자에게 돈을 빌리기도 한다. 이처럼 자본과 금융 거래로 우리나라에 돈이 들어오거나 빠져나간 금액은 자본·금융계정에서 집계한다.

국제 수지가 흑자라면 국경을 넘어 돈이 들어온다는 뜻이니까, 기본적으로는 흑자를 내는 것이 좋다. 하지만 무엇이든 지나치면 독이 될 수 있는데, 국제 거래를 할 때도 마찬가지다. 한 나라가 흑자를 독식하면 다른 나라와 갈등이 생기고 경계 대상이 될 우려가 있다. 미국과 중국 사이에서 벌어진 무역 전쟁도 중국의 일방적 경상 수지 흑자가 오랫동안 유지된 것이 원인이 되었다.

미국과 중국의 무역 전쟁은 왜 벌어졌을까

무역 전쟁의 원인

미국은 세계에서 가장 경제 규모가 크고, 기술이 발달했으며, 자원이 풍부한 나라입니다. 미국이 앞장서서 자유무역을 옹호하고 세계를 하나의 시장으로 만든 만큼 미국은 수입보다 수출을 많이 할 것 같지만, 현실은 정반대였어요. 미국은 세계에서 가장 무역 적자가 큰 나라입니다. 비싼 임금을 주고 미국 내에서 물건을 만드는 대신, 값싼 물건들을 수입하는 것이 유리하다 보니 그렇게 되었어요.

그렇다면 어느 나라가 수출을 가장 많이 할까요? 사회주의 국가이지만 1981년 경제 정책을 바꾸어 시장을 개방하고 국제 거래에 뛰어들었던 중국입니다. 중국이 시장을 개방하자 세계 각국의 기업은 중국의 값싼 노동력과 거대한 시장에 매력을 느끼고 앞다투어 중국

미국의 중공업과 제조업이 경쟁력을 잃으면서
많은 공장이 버려졌다.

이 공장도 한때는
쌩쌩 잘 돌아갔을 텐데···
지금은 황량하네.

미국 45대 대통령 도널드 트럼프

에 공장을 세웠어요. 중국은 방직, 의류, 가전 등 많은 제조업 분야에서 생산 규모 세계 1위를 차지하게 되었습니다. 기술력은 선진국을 바싹 따라잡았고 임금 수준은 선진국에 비해 낮아서 세계의 공장이 되었던 중국은 2009년부터 세계에서 가장 수출을 많이 하는 나라가 되었어요.

그런데 중국을 비롯한 개발도상국에서 생산을 하고 미국이 소비하는 구조 때문에 문제가 생겼어요. 기업들이 개발도상국에 새 공장을 지으면서 미국에 있는 공장 문을 닫았거든요. 미국의 수많은 노동자는 일자리를 잃고 가난해졌습니다. 그러자 미국 노동자들은 자유무역으로 빼앗긴 일자리를 다시 찾아야 한다는 목소리를 냈습니다. 특히 '러스트 벨트rust belt'라고 불리는 곳에서 자유무역에 대한 반감이 거셌어요. 러스트 벨트는 디트로이트, 피츠버그 등 1970년대까지 미국의 산업을 이끌었던 도시들이 모인 지역입니다. 한때 '철의 벨트'로 불렸지만, 자유무역 이후 서서히 쇠퇴하고 말았죠.

2017년 미국 대선에서 '미국 우선주의America First'를 내세우며 자유무역주의를 비판한 도널드 트럼프Donald Trump는 러스트 벨트 주민들의 압도적인 지지로 대통령이 되었습니다. 트럼프 대통령은 곧바로 미국과 중국 간의 무역 전쟁을 시작하게 됩니다.

무역 전쟁에서 패권 전쟁으로

트럼프 대통령은 차근차근 미국의 산업을 보호하기 시작했습니다. 특히 중국을 주요 공격 대상으로 삼았어요. 미국이 중국을 상대로 막대한 무역 적자를 보고 있었거든요. 미국 통계국US Census Bureau의 발표에 따르면, 2017년 미국이 중국에서 상품을 수입한 규모가 약 5050억 달러에 이르는 데 비해 중국은 미국에서 약 1300억 달러 규모의 상품만 수입했습니다. 이에 2018년 미국 정부는 340억 달러 상당의 중국 수입품에 25퍼센트의 관세를 부과했고, 160억 달러가 넘는 수입품에는 추가로 관세를 부과할 것이라고 했어요. 중국도 반격에 나섰습니다. 미국에서 수입하는 340억 달러 상당의 수입품에 똑같이 25퍼센트의 관세를 부과한다고 했지요.

미국과 중국 간의 무역 전쟁은 2021년에 미국의 대통령이 바뀌어도 끝나지 않았어요. 오히려 무역 적자를 둘러싼 갈등을 넘어 강대국 간 패권 다툼으로 번졌습니다. 미국은 기업들이 중국에 있는 반도체 공장에 투자하지 못하게 막고, 중국 기업에 반도체를 만드는 장비를 파는 것도 제한했어요. 미국 기업뿐 아니라 미국에서 사업을 하는 다른 나라 기업들도 이 조치를 따르게 했습니다. 중국이 인공지능AI, 우주 항공 등 첨단 기술 분야에서 미국을 따라잡지 못하도록 견제하려는 조치였어요.

세계에서 가장 힘이 센 두 나라가 벌이는 무역 전쟁이 어떻게 끝날지 예측하는 것은 어렵습니다. 그러나 전쟁의 결과가 경제 패권과 무역 질서에 큰 영향을 미칠 것이라는 사실만은 분명합니다. 무역 의존도가 높은 한국도 무역 전쟁에 따라 사정이 바뀔 수도 있으니, 잘 지켜봐야겠지요?

환율은 어떻게 정해질까

돈으로 사는 돈

'환율'은 서로 다른 나라의 돈을 교환하는 비율입니다. 화폐 종류가 다양하다 보니 '원화와 미국 달러화를 바꾸는 비율' '원화와 유로화를 바꾸는 비율' '유로화와 미국 달러화를 바꾸는 비율' 등 환율의 종류는 아주 많아요. 그런데 우리나라에서 통화 종류를 말하지 않고 환율이라고 하면 원화와 미국 달러화를 교환할 때의 비율을 뜻합니다. 예를 들어 환율이 1200원이라면 미국 돈 1달러를 바꾸는 데 한국 돈 1200원이 필요하다는 것이지요. 이는 1200원을 주고 1달러를 사는 것이나 마찬가지입니다. 그러니까 환율이란 사려는 화폐의 가치를 지불하는 화폐의 가치로 나타낸 가격이라고 할 수 있어요.

환율 제도에는 '고정 환율제'와 '변동 환율제'가 있습니다. 고정 환

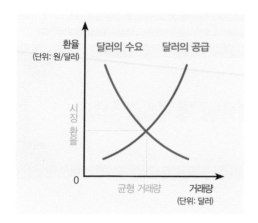

외환의 수요와 공급에 따라
결정되는 시장 환율

율제는 정부가 일방적으로 정한 환율을 일정 기간 유지하는 제도이고, 변동 환율제는 외환시장의 수요와 공급에 따라 환율이 수시로 바뀌는 제도입니다. '외환시장'이란 외환을 사고파는 거래를 하는 시장을 말해요.

외환시장에서 원화를 주고 미국 달러화를 사는 것은 시장에서 돈을 주고 사과를 사는 것과 같습니다. 사과의 시장가격이 수요와 공급 그래프가 만나는 곳에서 결정되듯이 시장 환율도 달러의 수요와 공급에 의해 결정됩니다. 이를 그래프로 그리면 곡선이 교차하는 그래프가 나옵니다. 재화나 서비스의 수요와 공급이 변하면 가격이 변하듯이 외환시장에서 달러의 수요와 공급이 변하면 환율이 변하는 것이죠.

환율과 원화의 가치

환율이 변하면 교환하는 화폐의 가치도 달라집니다. 달러화를 사는 데 필요한 원화가 줄어들었으면 원화 가치는 올라간 것이고, 달러화의 가치는 내려간 것이 됩니다. 그러니까 환율이 1200원에서 1300원으로 오르면 1000달러를 살 때 필요한 돈은 10만 원이 늘어나게 되죠.

환율 1300원: 1000달러×1300원=130만 원
환율 1200원: 1000달러×1200원=120만 원

환율이 내려가면 원화 가치가 올라간 것이라고 했지요? 이처럼 환율과 원화 가치는 반대로 움직입니다. 경제 용어로 화폐 가치가 오르는 것을 '평가 절상'이라고 하고, 내리는 것은 '평가 절하'라고 해요. 그래서 환율이 내려가 원화 가치가 올라가면 원화가 평가 절상된 것이고, 환율이 올라가 원화 가치가 내려가면 원화가 평가 절하된 것입니다.

모두가 좋을 수는 없다

수출을 하면 대부분 물건의 값은 달러화로 받습니다. 이 돈을 한국에서 쓰려면 달러화를 팔아야 해요. 반대로 수입을 하면 물건의 값을 내기 위해 달러화를 사야 합니다. 그러니까 한국의 수출이 늘어나 경상수지 흑자 폭이 커지면 외환시장에서 달러화의 공급이 늘어납니다. 상품의 공급이 늘어나면 가격이 내려가듯이, 달러화의 공급이 늘어나면 환율은 내려가게 됩니다.

상품 가치는 올라갈수록 좋습니다. 그런데 환율이 내려가 원화 가치가 올라가면 모두에게 좋을까요? 그렇지 않아요. 특히 수출 기업은 울상이 됩니다. 달러화에 대한 원화의 환율이 내려가면 수출은 줄어들거든요.

수출 가격이 1000달러인 스마트폰을 예를 들어 볼게요. 환율이 1300원이라고 할 때 스마트폰 한 개를 수출하고 받는 달러화를 원화로 바꾸면 130만 원이 됩니다. 스마트폰 한 개를 만들어 수출하는 데 들어가는 비용이 110만 원이라면, 이윤은 20만 원이고요. 그런데 환율이 1200원으로 내려가면 스마트폰 한 개를 120만 원에 파는 셈이라 이윤은 10만 원으로 줄어들어요. 만약 환율이 더 내려가서 1100원이 된다면 수출을 해도 이윤이 없고, 1100원보다 더 내려가면 손해를 보게 돼요. 손해 보면서 수출할 수는 없으니 수출 기업

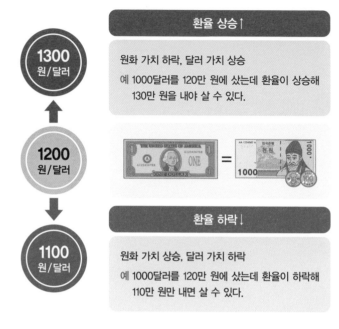

환율 상승 ↑

원화 가치 하락, 달러 가치 상승
예 1000달러를 120만 원에 샀는데 환율이 상승해
130만 원을 내야 살 수 있다.

환율 하락 ↓

원화 가치 상승, 달러 가치 하락
예 1000달러를 120만 원에 샀는데 환율이 하락해
110만 원만 내면 살 수 있다.

1300
원/달러

1200
원/달러

1100
원/달러

환율의 상승과 하락

은 환율이 내려가면 신경이 곤두서지요.

반대로 환율이 내려가면 수입 기업들은 함박웃음을 짓습니다. 수입 가격이 한 켤레에 50달러인 운동화를 8만 원에 판다고 가정해 볼까요? 환율이 1300원이라면 한 켤레에 6만 5000원을 주고 수입하는 셈이니까 이윤은 1만 5000원입니다. 환율이 1200원이라면 수입하는 가격이 6만 원이어서 이윤은 2만 원으로 늘어나요. 환율이 내려간 만큼 한 켤레 당 5000원씩 가격을 내리면 어떻게 될까요? 수요의 법칙에 따라 가격을 내리면 판매량이 증가합니다. 한 켤레를 팔아서 얻는 이윤은 변하지 않지만 판매량이 늘어나니 수입 기업의 전체 이윤은 늘어나게 됩니다. 소비자는 전보다 저렴한 가격으로 운동화를 살 수 있게 되어 좋고요. 이처럼 환율이 내려가면 수입품의 가격이 내려가서 물가 안정에 도움이 됩니다.

다국적 기업은 무엇일까

해외로 뻗어 나가는 한국의 기업

1970년대 후반 한국에서 생산했던 컬러TV의 90퍼센트는 미국으로 수출되었습니다. 한국에서는 컬러TV 방송을 하지 않았던 시절이라 국내에서는 컬러TV가 팔리지 않았거든요. 사정이 이러한데 1979년 미국은 한국산 컬러TV의 수입량을 30만 대로 줄인다고 발표했습니다. 컬러TV 수입에 대한 무역 장벽의 하나인 쿼터제를 실시하기로 한 것이죠. 한국 기업의 컬러TV 생산량은 연간 110만 대인데, 30만 대만 수출해야 한다는 소식은 전자 제품 기업에게 날벼락과 같았습니다. 궁지에 몰린 전자 제품 기업을 살리기 위해 1980년 12월부터 한국에서도 컬러TV 방송을 하게 되었어요. 덕분에 국내에서도 컬러TV가 팔리게 되어 전자 제품 기업의 어려움은 해결되었습니다.

이후 금성사(현 LG전자)는 미국에 컬러TV 공장을 세웁니다. 왜 그 랬을까요? 기업을 경영하는 가장 중요한 목적은 돈을 버는 것입니다. 금성사는 수출을 하지 않아도 미국 시장에서 계속 컬러TV를 팔면서 돈을 벌 수 있는 길을 찾으려고 했어요. 그 길은 현지에 공장을 세우고 그곳에서 물건을 생산하는 것이었습니다. 그래서 금성사는 미국의 앨라배마주 정부를 설득해서 공장 설립 허가를 받고 1982년 10월 헌츠빌에 컬러TV 공장을 세우려 했어요.

다국적 기업이 되려는 이유

1982년 헌츠빌에서 금성사 컬러TV 공장 준공식이 열렸습니다. 준공식에 맞추어 이 공장에서 만들어진 첫 TV를 선보이자 감격한 사람들은 아리랑과 애국가를 부르며 눈시울을 붉혔어요. 한국 기업이 최초로 해외에서 만든 이 컬러TV 공장이 준공됨으로써 한국도 다국적 기업의 본사가 있는 나라가 되었습니다.

사람과 마찬가지로 기업에도 국적이 있습니다. 간혹 국적이 두 개인 사람들이 있는데, 기업 중에는 두 개뿐만 아니라 여러 나라 국적을 가진 기업이 있어요. 한국에 본사를 두고 미국에 진출한 사업체의 국적은 미국이 됩니다. 예를 들어 미국의 코카콜라, 스웨덴의 볼보, 일본의 소니 등 한국에서 영업 중인 외국 기업의 수는 셀 수 없

미국 헌츠빌에서 열린 금성사 컬러TV 공장 준공식

이 많습니다. 이들 외국 기업의 국적도 미국이나 독일 등 본사 소재
지가 아니라 모두 한국입니다. 다국적 기업은 이처럼 여러 국적을 가
지고 있는 기업을 말해요. '세계 기업' 또는 '글로벌 기업'이라고도 합
니다.

오늘날 다국적 기업의 본사가 가장 많은 나라는 미국입니다. 일
본, 영국, 독일, 프랑스, 캐나다, 스위스, 네덜란드도 다국적 기업을
많이 가지고 있는 나라지요. 한국에 있는 기업 중에서도 국내 경쟁력
이 높아지면서 다국적 기업으로 성장한 기업이 많습니다.

이처럼 다국적 기업이 되는 이유 중 하나는 무역 장벽을 뛰어넘기
위해서입니다. 무역 상대국에서 무역 장벽을 높이면 수출이 어려워
지니까 아예 그 나라에 공장을 세우고 생산하는 방법을 택하는 것
입니다. 또한 다국적 기업이 되면 시장 변화에 빨리 대처할 수 있어
서 해외 시장 개척에 유리합니다. 자기 나라에서 외국 시장의 반응을

살피는 것보다는 현지에서는 그곳 사람들이 어떤 상품을 좋아하는지 살피고 정확하게 파악하면, 그들의 취향에 딱 맞는 상품을 개발할 수 있기 때문입니다.

다국적 기업이 많은 나라

중국, 베트남, 인도네시아 등 한국보다 임금이 싼 나라에서 옷이나 신발, 장난감 등을 많이 생산합니다. 한국으로 수입되는 이런 상품들은 그 나라 기업에서 만든 것도 있지만, 선진국에 본사를 둔 다국적 기업이 운영하는 현지 공장에서 생산한 것들이 많아요.

1990년대부터 세계적으로 해외에 진출해 공장을 만드는 붐이 일어났습니다. 임금 수준이 싼 나라로 공장을 이전해서 생산 비용을 줄이고 가격 경쟁력을 높이기 위해서지요. 자유무역주의가 힘을 얻으며 국경을 넘는 상품과 서비스의 이동이 쉬워진 영향도 있었습니다. 이러한 움직임을 '오프쇼어링Off-shoring'이라고 불러요.

어떤 국가는 다른 나라 기업이 들어오는 것을 싫어합니다. 힘이 약한 자국 기업들이 자본과 기술력을 가진 다국적 기업과 맞붙으면, 자국 기업이 성장하는 데 방해가 되니까요. 그리고 번 돈을 자기 나라로 고스란히 가져가는 다국적 기업도 많아 경제에 별 도움이 되지 않는다고 판단하기도 합니다.

하지만 많은 국가에서는 다국적 기업이 진출하는 것을 반깁니다. 다국적 기업이 공장을 세우고 투자를 하면 경제 발전에 도움을 준다고 보는 것이지요. 2010년대부터는 다국적 기업의 공장을 서로 유치하려는 경쟁이 벌어졌어요. 누구든 공장을 세우면 일자리가 새로 생기고 세금도 더 걷을 수 있기 때문입니다.

오프쇼어링은 단점도 고려해야 해. 국가 간 거리로 인해 운송과 물류 비용이 증가하기도 하고, 문화 차이 탓에 의사소통이나 관리가 어려울 수도 있어.

반도체 산업이 국가 안보와 무슨 관련이 있을까

한국 사람들은 만났을 때 '밥 먹었니'라는 말로 인사하곤 합니다. 이런 것을 보면 여전히 한국인은 하루 한 끼 정도는 쌀로 만든 밥을 먹어야 제대로 식사를 한다고 생각하는 것 같아요. 밀, 옥수수 등 다양한 곡류가 식탁 위를 차지하는 시대지만, 한국인에게 쌀은 여전히 가장 중요한 필수 식재료입니다.

그런데 '산업의 쌀'이라고 부르는 상품이 있는데, 바로 '반도체'입니다. 자동차, 컴퓨터, 스마트폰, 로봇, 우주선, 인공지능AI 등 첨단 제품을 만들 때는 반드시 반도체가 필요합니다. 한식 상차림에서 빠지지 않는 쌀처럼 반도체는 다양한 첨단 산업에서 빠지지 않는 핵심 부품이 된 것입니다.

첨단 제품의 성능을 결정하는 반도체는 아무나 만들 수 없어요. 전 세계 기업들이 참여하는 '반도체 공급망'의 힘이 필요하거든요. 기업들은 글로벌 분업을 통해 소재 공급, 설계, 생산, 패키징 등 주요 공정을 담당하며 최고 수준의 반도체를 만들어 냅니다. 삼성전자,

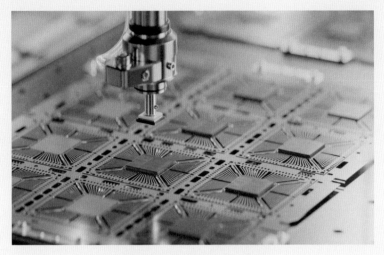

다양한 첨단 제품에 사용되는 반도체

SK하이닉스 등 반도체 기업들은 반도체 공급망에서 핵심 역할을 담당하며 한국 수출의 약 20퍼센트를 책임집니다.

반도체를 제때 확보하지 못하면 기업들은 경쟁에서 바로 뒤처집니다. 제품을 사겠다는 소비자가 있어도 제품을 만들 수가 없거든요. 예를 들어 2021년 세계적으로 자동차를 사기 위해 1년에서 2년가량 대기해야 하는 구매 대란이 벌어졌습니다. 반도체 공급이 제대로 이루어지지 않자 완제품인 자동차를 생산할 수 없었기 때문이지요.

반도체의 중요성을 깨달은 미국, 유럽 등 경제 강국들은 자국의 반도체 산업을 발전시키는 데 사활을 걸고 있습니다. 특히 미국은 반도체 생산 능력을 갖추는 것을 '경제 안보'를 지키는 일이라고 여기고 있어요. 경제 안보는 국가의 힘과 부를 일정 수준 이상 유지할 수 있도록 자원이나 시장에 충분히 접근할 수 있어야 한다는 개념입니다. 안보는 외부의 군사적 위협에서 국민의 안전을 지키는 것을 의미합니다. 그래서 경제 안보 또한 흔들리는 경제를 바로잡아 국민의 안전을 지킨다는 뜻이죠. 이처럼 세계 각국에서는 반도체 산업을 지키려고 많은 노력을 하고 있어요. 반도체 산업을 지키는 것이 국가의 힘과 부를 지키는 길이기 때문입니다.

6장

한국과
경제

한국의 경제는
어떻게 발전했을까

국민과 정부가 함께 이룬 발전

1960년대 한국은 세계에서 가장 못사는 나라 중 하나였어요. 한국 정부는 가난을 벗어나 스스로 먹고살 수 있는 기반을 마련하기 위해 1962년부터 '경제개발 5개년 계획'을 실시하기로 했습니다. 그런데 공장을 짓고 도로와 항구 같은 공공시설인 사회 간접 자본을 건설할 자금이 부족했어요. 저축을 장려해서 자금을 마련하려고 했지만, 끼니 해결도 어려웠던 국민은 저축할 여력이 없었습니다. 원조물품을 보내 주었던 미국에 '차관'을 요청했지만 거절당했죠. 차관은 정부 또는 공공기관이 외국으로부터 장기로 빌려 오는 자금을 말합니다. 그런데 서독으로부터 1억 5000만 마르크(1962년 기준 약 3000만 달러, 2023년 가치로 환산하면 약 3억 달러)의 차관을 들여올 수 있었어

경제개발 5개년 계획 제1차 회의. 당시 목표는 산업 구조를 근대화하고, 자립 경제를 확립하는 것이었다.

요. 서독 정부는 무엇을 믿고 한국에 자금을 빌려준 것일까요?

서독 정부는 자금을 빌려주기 전에 '지급 보증서'를 달라고 했어요. 지급 보증서란 빚을 갚지 못하면 보증을 다른 나라 정부나 금융 회사가 대신 빚을 갚는다는 약속이 적힌 증서입니다. 한국은 지급 보증서를 구하지 못해서 낙심했는데, 한국인 광부 5000명과 간호사 2000명을 서독으로 파견하기로 했던 서류가 문제를 해결해 주었어요. 이 서류에는 이들이 받을 급여의 일부는 독일의 상업은행인 코메르츠은행에 3년간 예치한다는 문구가 있었습니다. 이 문구 때문에 독일 정부는 지급 보증서가 없어도 자금을 빌려주었어요. 만약 한국 정부가 빚을 갚지 못했다면 한국인 광부와 간호사들은 예치했던 급여의 일부를 찾지 못했을 것입니다.

1962년 간호사 20여 명을 시작으로 1976년까지 1만 명이 넘는 한국인 간호사가 서독의 병원에서 일했습니다. 1963년부터 1978년까지 7800명에 이르는 광부도 서독에서 일했지요. 말이 서툴렀던 한국인 간호사들은 청소나 빨래 같은 허드렛일을 도맡아 하며 고생했고, 광부들은 지하 1000미터 탄광에서 30도가 넘는 더위와 싸우며 일했습니다. 그래도 한국 장관의 급여 수준으로 돈을 벌 수 있어서 몸이 부서질 듯 일을 했어요. 이들이 보낸 돈으로 한국에서는 도로와 다리를 만들고, 공장을 세울 수 있었습니다. 1968년 한국 1인당 국민소득이 169달러, 국민총생산Gross National Product, GNP은 52억 달러였는데, 그해 독일 광부와 간호사들이 국내로 보낸 돈은 약 5000만 달러였다니, 굉장하지요?

1964년 12월 10일, 독일 루르 지방의 함보른 탄광 회사 강당은 울음바다가 되었어요. 이곳을 방문했던 박정희 대통령을 만나려고 모였던 한국인 광부 300여 명이 울음을 터뜨렸던 것입니다. 대통령도 연설을 중단하고 울어버렸어요. 모두 왜 그토록 서럽게 울었는지 짐작이 되나요?

이처럼 '한강의 기적'이라는 한국의 경제 성장은 경제 정책을 이끌고 나아갔던 정부와 각자의 일터에서 땀 흘리며 일했던 국민의 합작품입니다. 특히 산업화 초기의 성과를 살펴보면 감동적인 사연이 많

파독 광부(위)와 파독 간호사

말도 안 통하는
먼 타국에서 일하느라
얼마나 힘들었을까?

습니다. 이러한 성과들이 모여 한국은 선진국으로 발전하기 시작했어요.

일일생활권이 된 한국

1964년 12월 독일을 방문했던 박정희 대통령은 독일의 고속도로, 아우토반을 달렸습니다. 고속도로의 놀라운 운송 능력을 보고는 한국에도 고속도로를 닦겠다고 결심했죠. 손수 고속도로 구상도를 그릴 정도로 열성을 보였어요. 고속도로 건설을 위해 우선 외국에서 돈을 빌려서 고속도로를 닦고 이용자로부터 통행료를 거두어 빚을 갚으려 했습니다. 그러나 고속도로가 제 기능을 발휘하지 못하면 엄청난 빚만 떠안게 될 것이라며 반대하는 사람도 많았어요.

이후 1968년 초 '서울-인천 경인고속도로'와 '서울-부산 경부고속도로' 건설 공사가 시작되었습니다. 한국 최초 고속도로인 경인고속도로는 1차 구간 공사를 완료했던 1968년 12월 21일에 개통되었어요. 약 416킬로미터로 한국에서 가장 긴 고속도로인 경부고속도로는 공사 시작 2년 5개월 후인 1970년 7월 7일에 완공되었지요. 경부고속도로는 총 거리 대비 공사 기간을 따져 보면 세계에서 가장 빨리 완공된 고속도로입니다.

경제개발 과정에서 가장 많이 내려졌던 지시는 '빨리빨리'였어요.

그러나 공사를 빨리 끝내려고 한겨울에 얼어 있는 땅 위로 도로포장을 하는 등 무리수를 두어서, 개통하고도 계속 고쳐야 했지요. 무슨 일이든지 단기간에 진행되어서 다 만들고도 자주 손을 봐야 했습니다. 속도만큼 품질도 중요하게 생각했다면 좋았을 것이라는 아쉬움이 있죠.

우여곡절 끝에 완공한 경인고속도로와 경부고속도로는 제 몫을 톡톡히 했습니다. 고속도로가 생기자 인천과 부산의 항만으로 수출 상품을 실어 나르는 속도가 빨라졌어요. 그러자 다른 고속도로도 속속 건설되었습니다. 1973년 '대전-순천 호남고속도로'와 '부산-마산 남해고속도로'가 개통되어 영남지방과 호남지방이 연결되었지요. 이후 1975년 완공된 '수원-강릉 영동고속도로'가 수도권과 영동지방을 연결하면서 전국은 일일생활권이 되었습니다.

노태우 대통령은 1988년 인천국제공항과 고속철도 건설을 2대 국책 사업으로 지정하고 추진했습니다. 특히 고속철도 KTX는 1992년에 첫 삽을 떴는데 예정보다 훨씬 늦어진 2004년 4월 1일에 개통했어요. 외환 위기를 거치며 사업비를 확보하지 못하는 상황이 있었기 때문입니다.

한국의 교통 시스템은 KTX의 개통으로 한번 더 크게 변화합니다. 경부고속도로로 5시간 이상 걸리던 서울-부산 간 이동 시간은 KTX 덕분에 2시간 반으로 단축되었거든요. KTX의 개통은 전국을 일일생활권에서 반나절 생활권으로 만든 셈이에요.

고속철도 KTX

국가가 키운 대기업

1970년대까지 한국의 주요 수출품은 머리카락으로 만든 가발, 섬유, 신발 등이었습니다. 노동자들의 손재주와 낮은 임금을 이용해서 만든 간단한 공산품이었죠. 이런 상품을 만드는 산업을 '경공업'이라고 해요. 당시 한국은 경공업을 발전시키며 전쟁의 폐허에서 벗어나고 있었지만, 공업 선진국이 되기엔 갈 길이 멀었습니다.

1972년 5월 30일 수출진흥확대회의가 끝난 후 박정희 대통령은 오원철 경제수석을 불러 100억 달러 수출 달성을 위한 방안을 물어

1971년 울산 정유 공장

보았습니다. 경제 발전에 큰 역할을 했던 오원철 경제수석은 중화학
공업을 발전시켜야 한다고 대답했어요. 당시 세계적으로 중화학 제
품에 대한 수요는 늘어나는데 공급은 이를 따라가지 못했거든요. 선
진국에서는 생산 과정에서 생기는 환경 오염으로 중화학공업 시설
을 늘리기 힘들었고 일할 사람도 구하기 어려웠습니다. 중화학공업
을 발전시켜 제품을 수출하면 국민소득이 엄청나게 증가할 수 있는
상황이었어요.

그런데 과수원에 나무를 심었다고 바로 과일이 열리지 않잖아요.
과일을 딸 수 있을 때까지 기다릴 수 없으면 과수원을 경영할 수 없
습니다. 공업 분야도 마찬가지여서 투자 후 생산까지 오래 걸리지
않는 경공업과 다르게 중화학공업에 대한 투자가 결실을 거두려면

10년 이상을 기다려야 합니다. 자본이 없는 상황에서 중화학공업에 투자하는 것은 모험이었어요.

이런 위험을 무릅쓰고 1973년 1월 12일 '중화학공업화 선언'이 이루어졌습니다. 철강, 비철금속, 기계, 조선, 전자, 화학이 6대 중화학공업으로 선정되었어요. 전반적인 산업을 키우는 데 효과적이고 부가 가치가 높은 산업들이었죠.

많은 국가에서 중화학공업을 주도하는 주체는 국가가 경영하는 국영 기업입니다. 생산 시설을 마련하려면 막대한 자금이 필요하고, 수익 정산까지의 기간이 매우 길어 민간에서 뛰어드는 것은 어렵거든요. 반면 한국의 중화학공업은 국민이 모은 자본으로 정부가 길을 닦고 기업이 달리는 형태로 성장했습니다. 기업 지원을 위한 자금을 마련하기 위해 1973년 12월 '국민투자채권'을 발행했고, 은행은 저축성 예금의 20퍼센트를 '국민투자기금'으로 돌렸습니다. 공무원 연금기금도 국민투자기금으로 활용했어요.

국가의 미래를 걸고 민관합작으로 추진한 중화학공업화 정책은 다행히 큰 성공을 거뒀습니다. 철강, 자동차, 조선, 석유화학공업이 빠르게 발전해서 1970년대 초 40퍼센트 미만이었던 중화학공업화 비율은 1979년 말에는 50퍼센트 이상이 되었어요. 주요 수출 품목도 바뀌게 되었고요.

하지만 중화학공업화 정책이 남긴 부작용도 있습니다. 산업 구조가 소수 대기업 중심으로 굳어지게 된 것입니다. 현대, 삼성, 럭키금성(현 LG) 등이 조선, 자동차, 전자, 항공, 운수 산업 등에 진출해서 대기업으로 성장했어요. 한국의 대기업들은 가족 중심으로 경영과 승계를 이어가는 독특한 기업형태인 '재벌'이 되었습니다. 재벌들이 정부의 전폭적 지원을 바탕으로 빠르게 몸집을 불리는 동안, 산업의 주춧돌 역할을 해야 할 중소기업들은 경쟁력을 잃어버리게 됐어요.

한국의 산업 구조는 어떤 모습일까

도쿄 선언과 반도체 산업

"누가 뭐라고 해도 삼성은 반도체 사업을 해야겠습니다. 이 사실을 널리 알려주세요."

1983년 2월 이병철 전 삼성전자 회장은 일본 도쿄에서 서울의 전 중앙일보 회장에게 전화를 걸어 선언했습니다. 이 선언은 삼성전자가 반도체 사업에 대한 흔들리지 않는 도전 의지를 밝힌 것입니다. 현재는 '도쿄 선언'으로 불리고 있죠.

삼성은 1974년 한국반도체를 인수하면서 반도체 산업에 첫발을 내디뎠습니다. 이미 반도체 산업에서 앞서가던 미국과 일본보다 27년이나 뒤처진 출발이었어요. 삼성은 전자 부분에서 사업을 하려면 핵심 부품인 반도체를 꼭 스스로 만들어야 한다고 생각했습니다. 하지만 자체 기술 부족으로 고전을 겪으며 국내외의 회의론에 시달렸어요.

회의적인 반응에도 삼성은 도쿄 선언을 발표한 지 불과 10개월 후인 1983년 12월 64K D램을 자체적으로 개발하는 데 성공했습니다. 미국, 일본에 이어 세계에서 세 번째로 메모리 반도체를 개발한 것입니다. 이를 시작으로 현대전자(현 SK하이닉스), 금성사 등도 메모리 반도체 산업에 진출했어요.

국가에서도 1981년 '반도체 공업 육성 계획'을 세우고 국가 핵심 전략 산업으로 반도체 산업을 키웠습니다. 1982년에는 청와대 주도로 반도체 산업 육성의 지휘 본부 역할을 할 반도체 공업 육성추진위원회를 설립해 자금을 지원하고 인력을 양성했어요.

이러한 노력으로 삼성은 1992년 64M D램을 세계 최초로 개발했습니다. 한국 기업이 메모리 강국인 일본의 기술력을 처음으로 추월한 것입니다. 이를 시작으로 1990년대부터 한국은 세계 3대 반도체 강국으로 떠올랐고 반도체는 한국의 수출을 이끄는 주력 상품이 되었어요. 지금도 반도체는 한국 전체 수출품 중 약 20퍼센트를 차지할 정도로 많이 수출되고 있습니다.

한국 최대의 위기, IMF 사태

막 성장을 시작한 신흥국은 선진국과 달리 기술을 개발하고 설비를 갖추기 위한 자본이 부족합니다. 값싼 노동력이 있긴 하지만, 그것만으로 생산할 순 없어요. 그래서 자본이 부족한 기업들은 선진국에서 자본을 빌립니다. 이렇게 다른 나라에서 빌린 돈을 '외채'라고 해요. 외채는 주로 기축 통화인 달러화로 빌립니다.

수출이 많을 때 외채는 국가 경제에 큰 부담이 되지 않습니다. 수출로 번 달러화로 외채를 갚으면 되니까요. 선진국에서도 이자만 제때 주면 원금은 나중에 갚아도 된다며 쉽게 만기 연장을 해줍니다.

문제는 수출이 잘 안 될 때입니다. 국내로 들어오는 달러화가 줄면, 선진국에서는 빌려준 돈을 떼일 수도 있다고 판단해요. 그래서 만기를 연장해 주는 대신 빚을 상환하라고 요구합니다. 투자를 위해 빌린 달러화를 다 써 버렸는데 상품도 팔리지 않아 고민 중인 기업에게는 '엎친 데 덮친 격'이지요. 이런 기업이 많아지면 여기저기서 달러화를 구하려는 수요가 늘어납니다. 자연히 국가 안에서 달러화가 부족해지고 외채를 갚지 못해 도산하는 기업이 많아져요.

한국도 1990년대 이러한 외환 위기를 겪었습니다. 한국의 대기업 집단인 재벌들은 당시 너도나도 계열사를 늘리며 '문어발 확장'을 했어요. 새로운 사업에 진출하는 데 필요한 자본은 빚을 져서 마련

IMF 때 뉴스에서는
매일 기업들의 파산 소식을 전했어.
당연히 많은 사람이 일자리를 잃었지.
당시 실업자가 200만 명을 넘었다고 해.
거리로 뛰쳐나와 시위를
할 수밖에 없었을 거야.

했고요. 사업을 확장하려고 외채를 무분별하게 들여온 것입니다.

그러다 1996년 한국 경제에 적신호가 감지되기 시작했습니다. 200억 달러가 넘는 무역 적자를 기록했기 때문입니다. 여기에 태국, 인도네시아, 필리핀 등 동남아시아 신흥국들이 외환 위기를 겪으며 세계적으로 경제 불안이 고조됐어요. 선진국들은 한국 기업들에게 앞다투어 외채 상환을 요구했고 한국도 외환 위기에 봉착했어요. 결국 한국은 1998년 '국제통화기금IMF'에서 긴급 구제 금융을 받았습니다. IMF에서 부족한 달러화를 빌려 오는 대신 이들의 구조 조정 요구를 따르기로 한 거예요. 'IMF 사태'라는 표현도 여기에서 나왔습니다.

한국은 2001년 8월 195억 달러를 상환해서 IMF의 관리 체제에서 벗어나게 되었습니다. 온 국민의 노력으로 예상보다 3년 정도 빨리 위기를 이겨냈어요. 이 과정에서 한국 경제의 체질은 완전히 바뀌었습니다. 기업은 공격적 확장을 하는 대신 방어적 경영을 하게 되었어요. 경영 방식의 변화로 위기를 버티는 힘은 커졌지만, 기업의 투자와 고용이 줄면서 한국 경제의 폭발적인 성장세도 함께 꺾였습니다.

또 외환 위기에서 살아남은 몇몇 대기업은 각 산업에서 독과점 구조를 굳혔고, 수출이 대기업 중심으로 이루어지면서 경제가 성장해도 일자리는 늘지 않았어요. 예전에는 수출이 늘어나면 자연스럽게 일자리가 늘었지만, 사정이 달라졌지요. 대기업이 생산할 때 국내 중소기업 제품보다는 저렴한 수입품을 사용하면서, 중소기업의 생산량이 줄었어요. 수출품의 포장이나 운송, 보관 등도 중소기업에 맡기는 대신 대기업의 계열 회사에서 직접 처리했습니다. 기계화된 작업장에서는 사람의 손길이 필요하지 않아서 일자리가 늘지 않게 되었어요.

한국의 새로운 산업

1990년대에 보급된 유선 인터넷과 컴퓨터의 영향으로 2000년대에 온라인 시대가 열렸습니다. 이에 따라 중화학공업이 이끌던 한국의 산업도 커다란 변화를 맞이했어요.

사회에 활력이 돌려면 젊은 인구가 많아야 하는 것처럼, 경제에 활력이 돌려면 새로운 기업이 많아야 합니다. 스타트업과 벤처기업의 등장은 1970년대 이후 형성된 대기업과 제조업 중심의 산업 구조에 변화를 가져왔죠. 보통 창업한 지 3년 미만의 기업은 '스타트업', 이 시기를 지나 어느 정도 규모가 커진 기업은 '벤처기업'이라고 불러요. 벤처venture는 모험이라는 뜻인데, 벤처기업은 리스크는 크지만 성장 가능성이 큰 사업에 뛰어든 회사를 뜻합니다. 인터넷 기반 검색 서비스를 제공하는 네이버, 스마트폰을 기반으로 한 메신저 서비스를 제공하는 카카오, 온라인 쇼핑 플랫폼인 쿠팡 등이 정보통신산업의 혁명 속에서 등장한 새로운 기업입니다.

2000년대 이후에는 음악, 영화, 드라마, 게임 등 한국산 콘텐츠가 세계적인 인기를 얻으며 지식 산업이 발전했습니다. 2022년 기준 콘텐츠 산업 매출액은 약 150조 4000억 원 규모이며 이중 수출로 벌어들인 금액은 132억 4000만 달러입니다.

지식 산업은 단순히 숫자와 돈으로 따지는 이윤보다 더 큰 힘을 갖고 있습니다. 조지프 나이Joseph S. Nye Jr. 하버드대학교 교수는 이러한 힘을 '소프트파워'라고 정의했어요. 소프트파워는 권력, 군사력 등으로 상대방을 위협하는 하드파워와 달리 대중문화, 도덕적 가치 등을 통해 자발적으로 상대방이 따르게 만드는 힘입니다. 이러한 한국산 콘텐츠의 인기로 국가의 소프트파워가 커지면서 '메이드 인 코리아' 상품의 수출이 늘고 해외 관광객이 늘어나는 등 긍정적 효과가 생기고 있어요.

한국은 경제 선진국일까

개발도상국에서 선진국으로

제1차 경제개발 5개년 계획이 시작되었던 1962년부터 1990년대 중반까지 한국의 연평균 경제성장률은 약 8퍼센트였습니다. 1995년에 한국의 1인당 국민소득GNI은 1만 달러를 넘겼어요. 세계은행의 자료에 따르면 18세기 산업혁명이 일어났던 영국은 1981년에 1인당 국민소득 1만 달러에 도달했고, 19세기 중반 산업화가 시작되었던 미국은 1978년에 1만 달러를 달성했습니다. 1867년 메이지 유신으로 산업화를 시작했던 일본은 1980년에 1만 달러 국가가 되었어요. 산업화 시점이 달라서 이런 비교는 무의미할 수 있지만, 한국이 산업화 이후 세계에서 가장 빨리 1인당 국민소득 1만 달러를 기록한 것은 틀림없는 사실입니다. 이런 비약적인 경제 성장은 가파르게 늘어난

제1회 수출의 날 기념 행사. 수출의 날은 수출 1억 달러를 처음으로 달성한 1964년에 제
정되었다. 1990년부터는 무역의 날로 이름을 바꾸었다.

수출 덕분이었어요.

2021년 7월 '유엔무역개발회의UNCTAD'의 모든 회원국은 한국의 지
위를 선진국으로 바꾸는 데 동의했어요. 선진국이 된 한국의 위상을
공식적으로 인정한 것이죠. 지금까지 유엔무역개발회의에서 개발도
상국에서 선진국으로 지위를 바꾼 나라는 한국뿐입니다.

2020년 한국의 경제 규모는 GDP 1조 6309억 달러로 195개 국가
중 세계 10위, 1인당 국민소득은 3만 1755달러로 세계 29위였습니
다. 한국보다 잘 사는 나라가 제법 많아 보이지만, 인구까지 생각한

다면 그렇지 않아요. 한국은 2018년 1인당 국민소득이 3만 1349달러를 기록해 3만 달러를 넘어섰습니다. 인구 5000만 명이 넘으면서 한국보다 먼저 1인당 국민소득이 3만 달러가 넘었던 나라는 미국, 일본, 독일, 영국, 프랑스, 이탈리아 뿐입니다. 한국 경제가 일찍이 경제 선진국으로 자리매김했던 국가들을 바짝 뒤쫓게 된 것이지요.

행복이라는 큰 가치

앞서 살펴본 것처럼 한국은 수출을 통한 성장을 최우선으로 하는 경제 정책을 시행한 덕분에 경제 선진국의 대열에 합류하게 되었습니다. 그런데 경제 성장을 위해 열심히 달려온 국민도 그만큼 행복하다고 느낄까요?

앞서 선진국의 기준으로 삼은 GDP나 1인당 국민소득은 한 나라의 경제 성과를 종합적으로 측정하는 데 유용한 지표입니다. 하지만 국민의 행복 수준과 삶의 질을 경제적 지표만으로는 완벽하게 측정할 수 없어요. 이러한 지표에는 환경이 깨끗한지, 여가는 충분한지, 치안이 안전한지, 사람들은 서로 믿을 수 있는지 등 삶의 질을 결정하는 다른 요인들은 반영되지 않거든요.

2013년 3월 20일 유엔은 국가의 성공을 판단하는 기준은 그 나라 국민의 행복이어야 한다는 내용의 결의안을 채택했습니다. 이후 유

순위	국가명	점수(10점 만점)
1	핀란드	7.74
2	덴마크	7.58
3	아이슬란드	7.52
4	스웨덴	7.34
5	네덜란드	7.31
⋮		
23	미국	6.72
24	독일	6.71
⋮		
51	일본	6.06
52	한국	6.05
⋮		
60	중국	5.97

2024 세계 행복 보고서

엔 자문기구인 '지속가능발전해법네트워크SDSN'는 매년 '세계 행복의 날'인 3월 20일에 '세계 행복 보고서'를 발표해요. 행복 지수는 1인당 GDP, 사회적 지원, 건강 기대 수명, 삶을 선택할 자유, 포용성, 부패 지수 등 6개 변수를 분석하여 작성됩니다. 2024년 세계 행복 보고서에 따르면 143개 조사 대상국 중 한국의 행복 지수 순위는 52위였습니다. GDP나 1인당 국민소득에 비교하면 갈 길이 멀지요? 그래서 최근에는 경제 성장과 함께 국민이 행복한 나라를 만들자는 목소리가 커졌어요. '잘 살아 보세'라는 말 속에는 단순히 돈이 많았으면 좋겠다는 것 이상의 복합적인 바람이 들어 있습니다.

사회적 자본

부를 생산하는 데 필요한 자본은 '물질적 자본', '인적 자본', '사회적 자본'이 있다. 공장이나 기계 설비 등은 물질적 자본, 지식이나 기술 등은 인적 자본에 해당한다. 사회적 자본은 국민 사이에 신뢰를 형성해 협동을 가능하게 하는 제도와 규범, 네트워크를 말한다.

국민 간의 신뢰가 높고 이를 보장하는 법과 제도가 잘 정비되면 경제적 거래의 안전성이 높아져 거래 비용은 낮아진다. 함께 잘살아 보자는 의식이 높아지면, 갈등과 다툼이 줄어들어 생산의 효율성이 높아진다. 따라서 물질적 자본이 증가하지 않아도 사회적 자본이 커지면 경제는 발전한다.

한국의 무역에 문제는 없을까

세계 10위권, 무역 대국으로

12월 5일은 무역의 날입니다. 2011년 12월 5일, 수출 5151억 달러, 수입 4860억 달러를 달성해 전체 무역 규모 1조 달러를 돌파한 기념으로 정한 날이지요. 1962년 세계 무역 순위 65위였던 한국은 미국, 독일, 중국, 일본, 프랑스, 이탈리아, 영국, 네덜란드에 이어 세계에서 아홉 번째로 무역 1조 달러를 달성했어요. 네덜란드를 제외한 나라들이 모두 한국보다 국토가 넓고 인구가 많다는 점을 고려하면 정말 대단한 성과입니다.

한국은 어떻게 이런 무역 강국이 될 수 있었을까요? 앞서 살펴봤던 것처럼 경제개발 초기부터 세계시장으로의 수출을 통해 경제 성장을 이룬다는 목표를 정했고, 이를 의욕적으로 이루었기 때문입니다.

연도	수출		수입	
	금액(억)	세계 순위	금액(억)	세계 순위
2002	1625	12	1521	13
2004	2538	12	2245	13
2006	3255	11	3094	13
2008	4220	12	4352	13
2010	4666	7	4252	11
2012	5479	7	5196	8
2014	5727	7	5255	9
2016	4954	8	4062	10
2018	6048	6	5352	9
2020	5125	7	4676	9
2022	6836	7	7313	9

한국 무역 규모의 변화   (금액: 미국 달러)

아울러 세계화와 자유무역의 물결에 잘 적응한 것도 큰 힘이 되
었어요. 한국은 1995년 '세계무역기구WTO' 출범과 함께 회원국으로
가입했습니다. 또 2004년에는 칠레를 시작으로 미국, 중국, 유럽연
합EU, 호주 등 세계 주요 경제권과 '자유무역협정FTA'을 체결했어요.
FTA는 두 나라 또는 지역 사이에 자유롭게 무역을 하기 위해 각종

관세 및 비관세 장벽을 낮추자는 약속을 맺는 것입니다. 이를 통해 한국은 세계를 시장으로 만들 수 있었습니다.

무역에 의존하는 경제

한국은 무역을 바탕으로 경제를 성장시키면서 반도체, 자동차, 석유화학제품 등을 수출해 돈을 벌고 있어요. 또 다른 나라에서 원유, 식량 등 생활에 필요한 자원을 수입하고 있습니다. 활발한 무역 덕분에 한국은 좁은 국토의 한계를 극복하고 풍요로워졌습니다. 이러한 경제 구조를 '소규모 개방경제'라고 불러요.

그러나 소규모 개방경제가 지닌 한계도 있습니다. 이런 한계는 1990년대 외환 위기를 거치면서 한국 경제의 고민거리로 떠올랐어요. 한국 경제는 해외에서 벌어지는 작은 일에도 민감합니다. 여러 나라와 무역으로 얽혀 있어서 세계 어딘가에서 문제가 발생했을 때 고스란히 충격을 받기 때문입니다. 예를 들어 2022년 러시아와 우크라이나 사이에서 벌어진 전쟁으로 한국의 물가는 크게 올랐어요. 원유, 천연가스, 밀 등 에너지와 곡물을 생산하는 두 나라의 수출에 차질이 생기자, 환율이 오르고 에너지와 곡물을 원재료로 하는 상품과 서비스의 국내 생산 비용도 따라 올라갔습니다.

'고용 없는 성장'도 고민거리입니다. 외환 위기 이후 대기업들은 국내에서 투자와 고용을 줄이는 방어적 경영으로 돌아섰어요. 대신 세계에 부는 자유무역이라는 바람을 타고 적극적으로 해외로 나갔습니다. 국내에 공장을 짓는 대신 중국, 베트남 등 인건비가 낮은 지역에 투자를 하고 생산 시설을 만들었어요. 그러자 지방을 중심으로 중소기업과 대기업이 함께 만들던 산업 생태계가 무너지고, 생산 시설이 떠난 지방에서는 인구가 줄었어요. 경제 양극화도 심해졌습니다. 질 좋은 일자리가 줄면서 중산층이 몰락해 저소득층이 늘었어요. 빈부 격차가 견고해져서 사회적 갈등도 커졌죠. 1970년대 미국 러스트 벨트에서 벌어진 일과 유사한 현상이 생긴 것입니다. 기업의 해외 진출 덕분에 경제는 성장했지만, 성장의 온기는 널리 퍼지지 않게 되었어요.

이처럼 무역에 크게 의존하는 경제는 '모래 위에 지은 집'처럼 위태롭습니다. 날씨가 좋을 때는 빠르게 높이 쌓을 수 있지만, 파도가 치고 강한 바람이 불면 순식간에 무너질 수 있어요. 그러니 이제는 한국도 내수시장을 키우고 중소기업과 함께 국내 산업 기반을 단단하게 다져야합니다.

저출생은 경제에 어떤 영향을 미칠까

고령 사회로 진입한 한국

1970년대까지 한국에서는 4명이 넘는 '합계 출산율'을 낮추려고 가족계획 사업이 활발히 벌어졌습니다. 합계 출산율이란 여성 한 명이 평생 낳는 자녀 수를 말해요. 1983년 인구가 4000만 명이 넘자 '하나씩만 낳아도 삼천리는 초만원'이라는 절박한 표어까지 나왔습니다. 합계출산율을 낮추려는 노력 끝에 1983년의 합계 출산율은 2.08명으로 떨어졌어요. 그런데 합계 출산율은 계속 낮아져 2005년에는 1.16명까지 떨어져서 한국은 세계에서 아이를 적게 낳는 나라중 하나가 되었어요. 그러자 저출생과 고령화는 큰 걱정거리가 되었습니다.

이미 한국은 2000년에 65세 이상 인구가 전체 인구의 7퍼센트 이

연령별 인구 구성비 (단위: 퍼센트)

	0-14세	15-64세	65세 이상
1960	42.3	54.8	2.9
1980	34	62.2	3.8
2000	21.1	71.7	7.2
2022	11.5	71.1	17.4
2040	7.7	58	34.3
2072	6.6	45.8	47.7

2022-2072년 인구 추계

상인 고령화 사회가 되었고, 2017년에는 14퍼센트를 넘는 고령 사회가 되었어요. 2025년에는 20퍼센트를 웃도는 초고령 사회가 될 전망입니다.

추락하는 잠재성장률

잠재성장률은 한 나라가 부작용 없이 달성할 수 있는 경제성장률을 뜻해요. 쉽게 말해 경제의 기초 체력이 얼마나 되는지 보여 주는 지표입니다. 일할 수 있는 인구가 많고 자본이 풍부하며 기술 혁신이 빠를수록 잠재성장률도 높습니다.

그런데 아이가 태어나지 않고 노인이 늘어나는 인구 구조의 변화가 한국의 잠재성장률을 떨어뜨리고 있습니다. 잠재성장률은 '생산연령 인구(15-64세)'의 영향을 크게 받거든요. 생산연령인구는 일할 수 있는 나이의 인구를 뜻합니다. 일을 해야 생산도 소비도 활발하게 할 텐데, 일하는 인구가 줄면 당연히 잠재성장률도 떨어져요.

그래서 OECD는 현재 상황이 변하지 않는다면 2030년에서 2060

국가/연도	2000-07	2007-20	2020-30	2030-60
한국	3.8	2.8	1.9	0.8
미국	1.5	1.1	1.2	1.0
일본	0.5	0.7	1.0	1.1
독일	1.2	1.1	0.8	0.9
프랑스	1.0	0.7	0.9	1.2
영국	1.5	0.7	0.8	0.9
OECD 평균	1.6	1.3	1.3	1.1
중국	10.0	7.3	4.2	2.1
인도	5.3	5.1	4.8	2.8

잠재성장률 전망　　　　　　　　　　　　　　　　　　　(단위: 퍼센트)

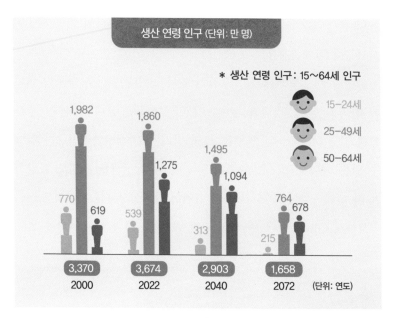

생산 연령 인구 (단위: 만 명)

* 생산 연령 인구: 15~64세 인구

15-24세
25-49세
50-64세

1,982   1,860
                1,495
        1,275   1,094
770
    619   539   764 678
            313
                    215

3,370   3,674   2,903   1,658
2000   2022   2040   2072   (단위: 연도)

2022-2072년 인구 추계

년까지 한국의 잠재성장률이 연평균 0.8퍼센트가 될 것이라고 보았어요. OECD 평균인 1.1퍼센트를 밑도는 것은 물론 38개국 가운데 캐나다와 함께 공동 꼴찌입니다.

국가 차원에서도 여러 대책을 마련했어요. 대표적인 예가 2001년부터 실시한 '육아 휴직 제도'입니다. 만 8세 이하 또는 초등학교 2학년 이하의 자녀를 가진 부모가 육아 휴직을 청구하면 일 년 동안 직장에서 일하지 않고 집에서 자녀를 돌볼 수 있어요. 육아 휴직으로 일을 쉬어서 소득이 없는 동안에는 일정한 금액의 지원금을 받고요. 하지만 지금까지 나온 대책으로 인구 구조의 변화를 막기란 어려웠어요. 한국의 합계 출산율은 더욱 떨어져, 2018년에 0.98명, 2023년에는 0.72명이 되었습니다. 1970년대 초반에는 한 해에 태어나는 아기가 100만 명이 넘었는데, 2010년에 50만 명, 2022년에는 25만 명 아래로 떨어졌어요. 이제 아이를 낳아서 키우고 싶은 사회를 만드는 것이 한국이 해결해야 할 가장 시급한 경제 문제가 되었습니다.

청년 전태일은 왜 근로기준법을 불태웠을까

60년대 말 이후 한국의 고도성장은 '한강의 기적'이라고 불립니다. 그런데 이런 기적의 이면에는 감춰진 그늘이 있었어요. 바로 열악한 작업 환경에서 낮은 임금으로 장시간 일하던 노동자들입니다.

1970년 11월 13일 서울 청계천 평화시장 앞길에 팻말을 든 사람들이 몰려들었습니다. 팻말에는 '근로기준법을 준수하라!', '우리는 기계가 아니다' 같은 말들이 쓰여 있었어요. 경찰이 시위를 강제로 해산시키자 한 청년이 휘발유를 자기 몸에 뿌리고 불을 붙였습니다. 그는 온몸이 불꽃에 휩싸인 채 "내 죽음을 헛되이 하지 말라"라고 외쳤어요. 병원으로 옮겨졌지만 결국 그날 숨을 거두었던 청년의 이름은 전태일, 당시 나이는 22세였습니다.

전태일은 17세였던 1964년 평화시장의 피복점에서 보조 미싱사로 일하기 시작했습니다. 그런데 시간이 지나면서 자신을 포함한 노동자들이 형편없는 환경에서 일하며 착취를 당하고 있었다는 것을 알게 돼요. 온종일 일하고 받는 하루 임금은 당시 커피 한 잔 값인

50원이었어요.

1968년 전태일은 우연히 노동자를 보호하는 근로기준법을 알게 됐습니다. 법에 명시되어 있는 내용조차 현실에서는 제대로 지켜지지 않았죠. 그래서 전태일은 1969년에 '바보회'라는 모임을 만들었습니다. 그리고 동료들과 함께 평화시장 노동자의 노

청계천 버들다리에 있는 전태일 열사의 흉상

동 실태를 조사하고 결과를 노동청에 제출했습니다. 실태 조사에 담긴 결과는 참혹했어요. 노동자들은 하루에 13시간에서 15시간씩 일을 했고, 쉬는 날은 한 달에 이틀이었습니다. 하지만 근로기준법을 준수해달라는 이들의 청원은 정부와 기업으로부터 번번이 외면당했어요.

노동자들은 제 역할을 못하는 근로기준법을 불태워 버리는 화형식을 열기로 했지만 경찰의 진압으로 시위가 무산됐습니다. 그러자 전태일은 자신의 몸에 불을 붙였어요. 자신을 희생해서 노동자의 처지를 세상에 알리고자 한 것입니다.

그의 죽음은 경제 성장 과정에서 희생을 강요당했던 노동자의 삶을 적나라하게 보여 주는 계기가 되었습니다. 1971년 국가비상사태

가 선포되고 1972년 '10월 유신'과 '긴급조치'가 선포되며 정부의 사회 통제가 심했지만, 한번 불붙은 노동운동의 불씨를 끌 수는 없었어요. 노동자들의 스스로 권리를 찾는 운동에 나서며 1970년대에만 약 2500개가 넘는 노동조합이 만들어졌습니다. 이러한 권리를 보장받고 올바른 노동 환경을 조성하려는 사람들의 노력 덕분에 지금의 한국 사회가 만들어졌어요. 하지만 지금도 노동 환경의 명암이 있는만큼, 어떻게 개선하면 좋을지 생각해 보는 것도 좋겠습니다.

※ 본문에서 쓰인 대부분 사진과 그림은 위키미디어 커먼즈, 셔터스톡에서 가져
  왔습니다. 다음 사진만 저작권을 표기합니다.

● 국가유산청 국가유산포털: 106쪽
● 사진 제공-서울의 공원: 140쪽
● 통계청, 〈장래인구추계: 2022-2072년〉 246, 248쪽

이외에 저작권 있는 사진이 쓰였다면, 저작권자가 확인되는 대로 허락을 받고,
저작권료를 지불하겠습니다.

1 리처드 H. 탈러·캐스 R. 선스타인, 《넛지》(리더스북, 2018), p. 22.

꼬리에 꼬리를 무는 경제 이야기

초판 1쇄 발행 2024년 6월 20일

지은이 | 석혜원·연유진
펴낸곳 | (주)태학사
등록 | 제406-2020-000008호
주소 | 경기도 파주시 광인사길 217
전화 | 031-955-7580
전송 | 031-955-0910
전자우편 | thspub@daum.net
홈페이지 | www.thaehaksa.com

편집 | 조윤형 여미숙 김태훈
마케팅 | 김일신
경영지원 | 김영지

값 17,000원
ISBN 979-11-6810-278-1 43320

"주니어태학"은 (주)태학사의 청소년 전문 브랜드입니다.

편집 김태훈
디자인 이유나